실크로드의
지평에 서서

저자 약력

허상문許詳文은 대구에서 출생해서 영남대학교 영어영문학과와 동 대학원을 졸업했으며, 연세대학교 대학원, 영국 케임브리지대학교, 미국 워싱턴주립대학교에서 영문학을 수학 · 연구했다.
대구대학교 교수를 거처 현재 영남대학교 문과대학 영어영문학과 교수로 재직 중이며, 문학평론집으로 〈문학과 변증법적 상상력〉, 세계기행산문집〈오디세우스의 유랑〉, 〈시베리아는 눈물을 흘리지 않는다〉, 영화평론집으로 〈우리 생애 최고의 영화〉, 번역서로 D. H. 로렌스의 〈생명의 불꽃, 사랑의 불꽃〉 등이 있다.

실크로드의 지평에 서서

초판 인쇄 2010년 4월 26일 | **초판 발행** 2010년 5월 7일

지은이 허상문 | **펴낸이** 이효수 | **펴낸곳** 영남대학교출판부 | **디자인** GukjeAD

출판등록 1975년 9월 5일 경산 제16-1호 | **주소** 경북 경산시 대동 214-1
전화 053) 810-1801~3 | **FAX** 053) 810-4722 | **홈페이지** book.yu.ac.kr

ISBN 978-89-7581-386-3 03980

• 값은 표지 뒷면에 있습니다.
• 잘못 만들어진 책은 바꾸어 드립니다.

실크로드의 지평에 서서

허 상 문 지음

열린시선

차례

3. 지상에서 영원으로 가는 길

1. 실크로드,
끝나지 않는 길

실크로드,
끝나지 않는 길

실크로드에는 삶과 죽음이 있고, 만남과 이별이 있고, 눈물과 기쁨이 있다. 살아 있는 한 떠나야 했고 떠난 길에서 영영 돌아오지 못하는 인간의 운명과 같이, 많은 사람들은 이 길을 향해 떠났고 돌아오지 못했다.

남은 사람은 떠나는 사람을 슬퍼하고, 돌아오지 않는 사람을 그리워했다.

만남과 헤어짐의 길, 실크로드

이 책은 중국 서안西安에서 터키 이스탄불까지 실크로드를 따라 장장 1만2000km를 몇 차례에 걸쳐 여행한 기록이다. 서안에서 돈황, 천산북로, 천산남로를, 알마티에서 우루무치, 이스탄불을 위시한 터키 땅 전체를 여러 해에 걸쳐 드나들면서 실크로드가 인간의 운명과 닮았다는 생각을 했다. 실크로드에는 삶과 죽음이 있고, 만남과 이별이 있고, 눈물과 기쁨이 있다. 살아 있는 한 떠나야 했고 떠난 길에서 영영 돌아오지 못하는 인간의 운명과 같이, 많은 사람들은 이 길을 향해 떠났고 돌아오지 못했다. 남은 사람은 떠나는 사람을 슬퍼하고, 돌아오지 않는 사람을 그리워했다.

실크로드란 이름은 1877년 독일의 지리학자인 리히트호펜F. Richthofen이 중국에서 중앙아시아를 횡단하며 유럽으로 이어지는 교역로를 그 주요 교역품이 비단인 것에 착안해서 '실크로드'라고 명명한 것에서 유래한다. 중국의 서안에서 출발하여 돈황—천산산맥—타클라마칸사막—파미르고원—중앙아시아를 건너 동양과 서양의 접목인 터키의 이스탄불과 로마의 콘스탄티노플을 이어주는 비단 길이 바로 실크로드이다. 실크로드는 상업과 문화라는 관점에서 사실상 지난 수세기동안 세계의 무역의 중심이었고, 불교의 전래를 매개로 중국문명과 인도문명이 만나는 접점이기도 했다. 중앙아시아에 위치한 실크로드는 냉엄한 자연환경으로 둘러싸인 생활 터전이었고, 초원의 북쪽 유목민족과 오아시스 중심의 남쪽 농경민족이 끊임없이 각축을 벌인 무대였다. 실크로드의 주도권을 둘러싸고 주변의 국가들, 즉 서쪽의 이슬람, 북쪽의 투르크와 위구르, 남쪽의 티벳, 그리고 동쪽의 중국은 지금까지도 치열한 쟁탈전을 벌이고 있다.

실크로드에는 세 가지의 길이 있다. 서안을 기점으로 동·서양을 가르는 죽음의 땅이라 불린 타클라마칸 사막과 천산 산맥을 기준으로 크게 세 갈래(서안남로, 천산북로, 천산남로)로 나눠진다. 타클라마칸 사막 남쪽의 민풍, 호탄 등을 지나 카스에 도착하는 서안남로, 천산 산맥을 기준으로 남쪽 코스인 하밀에서 투루판, 우루무치를 거쳐 카자흐스탄의 알마티로 이어지는 천산북로, 돈황에서 하밀, 투루판, 쿠차를 지나 카스에 이르는 천산남로 등이 그것이다. 서안남로와 천산남로 사이에는 타클라마칸 사막이 있는데, 이 타클라마칸 사막을 중심으로 가까이에 형성된 도시들이 실크로드 대상 무역의 중심 역할을 하였다. 천산북로는 끝없는 초원이 펼쳐져 있어 '초원의 길'이라 불리던 곳으로, 서방의 대상들은 주로 이 길을 이용하였다.

실크로드에는 비단으로 덮인 길이 있을 것으로 생각하지만, 중앙아시아의 깊고 아득한 곳에는 거대한 모래바다가 누워 있을 뿐이다. 대상隊商 행렬과 낙타들을 순식간에 흔적도 없이 삼켜버리곤 하는 모래바

다는 천년이 넘는 세월 동안 수많은 여행자들을 맞으며 도도히 흐르고 있다. 실제로 중국 서안에서 돈황과 우루무치를 거쳐, 그리고 알마티와 이스탄불에 이르는 머나먼 서역 만 리 길은 바람과 모래로 뒤덮인 황량한 사막뿐이었다. 타클라마칸 사막의 도시들을 연결하는 오아시스 도시인 투루판은 일 년 동안 16㎜의 비가 내릴 뿐이고 3000㎜의 물이 증발한다고 한다. 여름 기온은 40도를 오르내리면서 모든 것을 녹일 듯하고, 겨울 날씨는 영하 수십 도를 오르내리며 뜨겁던 열사熱沙를 꽁꽁 얼어붙게 한다. 타클라마칸은 사면이 모두 사막과 산맥들의 보호막으로 둘러싸여 있어 대단한 의지를 가진 사람이 아니면 이곳을 쉽게 관통할 수 없다. 북쪽으로는 장엄한 천산 산맥이 있고, 서쪽으로는 '세계의 지붕' 인 파미르가 있으며, 남쪽으로는 카라코람과 곤륜 산맥이 뻗어 있다. 오직 동쪽에만 산맥이 없는데, 대신 롭 사막과 고비 사막이라는 두 개의 장애물이 놓여 있다. 실크로드를 여행한 탐험가와 지리학자들은 모두 입을 모아 타클라마칸을 위험하고 무서운 공포의 지역이라 한다. 옛날부터 사람들은 나름의 목적과 희망을 가지고 혹심한 고통을 무릅쓰고 험악한 오지에서 목숨을 버릴 각오로 실크로드를 건너고자 했다.

역사상 최초로 실크로드의 여행에 나선 사람은 장건이라는 모험심 많은 중국의 젊은이였다. BC 1세기 전, 한나라 무제武帝의 비밀임무를 띤 이 젊은이는 당시로서는 도저히 불가능한 여행을 감행했다. 비록 그의 목적은 달성하지 못했지만 후대에 실크로드라고 불리게 되는 길을 최초로 여행하였다는 점, 그리하여 중국이 유럽을 발견하고 실크로드라는 새로운 길이 탄생하였다는 점은 역사상 매우 중요한 의의를 지닌다. 그리하여 장건 이후로 수많은 사람들이 사업과 종교와 탐험의 목적을 달성하기 위해 '들어가면 다시는 나오지 못하리라'는 죽음의 타클라마칸 사막을 넘어 실크로드로 갔던 것이다.

사막에 핀 푸른 꽃, 초원

험준한 천산산맥을 넘어 '마음의 고향'이라는 율두스 초원에 이르면 시야는 완전히 바뀐다. 여기는 실크로드 중에서 이른바 '초원의 길'이라 불리는 천산북로의 한 부분이다. 이 높은 초원에도 물이 흐르고 풀이 자란다. 한 여름 밤 기온이 영상 4도까지 내려가 겨울옷을 껴입고도 추위에 떨어야 하는 이곳은 자동차로 불과 반나절의 거리를 두고 뜨거운 사막의 열기와 초원의 싸늘한 추위로 대비된다. 사막과 초원은 서로 상반되는 극단적인 환경이지만 동전의 양면과 같이 불가분의 관계이기도 하다. 높은 천산에 걸린 구름이 눈비가 되어 초원에 떨어지면 그 아래 사막에는 비 한 방울 구름 한 점도 찾아보기 어렵다. 실크로드의 사람들은 사막과 초원을 오가며 삶을 영위해 나간다. 초원이 없다면 사막도 존재할 수 없을지 모른다. 사람들은 실크로드의 길 없는 길을 찾아 헤매다가 이따금씩 길을 잃어버린다. 그리고 휘몰아치는 모래 바람 속을 헤매며 군데군데 박혀 있는 오아시스를 찾아간다.

실크로드에서 생명을 유지해 나갈 수 있는 것은 오아시스가 있기 때문이다. 산맥들의 만년설이 녹아 흘러내린 물이 만들어내는 오아시스는 실크로드의 사람들이 잠시 쉬어가는 곳일 뿐 아니라 그 자체가 생명의 기지이다. 오랜 세월에 걸쳐 상인이나 순례자, 군인들의 처량한 행렬은 오아시스를 찾아 헤매다 길을 잃고 그들의 뼈를 사막 한가운데에 이정표로 남기곤 했던 것이다. 신기루는 실크로드를 지나는 사람들에게 가장 위험한 적이다. 애타게 찾는 오아시스가 눈앞에 보이지만,

가까이 가면 오아시스는 홀연히 사라지고 끝없는 열사의 사막만이 망망대해처럼 펼쳐진다. 많은 사람들이 신기루에 홀려 사막의 지평선 속으로 사라져 갔다. 갈증에 시달리며 물을 찾는 사람에게 신기루는 한 가닥 남은 희망과 생명의 마지막 기력조차 빼앗아 가버리는 유령 같은 존재다. “아무리 주위를 둘러보아도 인적은 물론 하늘을 나는 날짐승도 없는 망망한 천지가 벌어지고 있을 뿐이다. 밤에는 도깨비불들이 별처럼 휘황하고 낮에는 바람이 모래를 휘몰아와 소나기처럼 퍼부었다.” (『현장법사전』에서) 사막의 공포는 옛날 실크로드를 다녀간 현장법사의 말 그대로다. 몽환에 시날리며 쓰러지는 것과 같이 사막의 신기루는 아무리 잡으려 해도 잡히지 않는 연기와 같은 것이다.

저 멀리 천산산맥의 만년설은 하늘 위에 떠있다. 사막에서는 뜨거운 지열이 뿜어져 나오고 있지만 열기의 아지랑이 사이로 아스라이 보이는 만년설은 하얀 피부를 드러낸 채 침대 위에 길게 드러누운 나신裸身의 여인과 같다. 도도한 자태로 우리 인간들을 내려다보며 어서 오라고 유혹하고 있지만 오아시스와 마찬가지로 닿기 힘들다. 내일에 대한 희망이 있기 때문에 힘겨운 나날을 참고 살아가듯이, 실크로드를 지나가는 사람들은 오아시스에 대한 희망이 있기에 죽음의 사막을 관통하며 발걸음을 떼어 나간다. 오아시스는 희망이지만, 고통이며 시련이기도 하다. 마침내 초원의 오아시스에 도착해서 목을 축이고 휴식을 하지만 그들은 오래 머물 수 없다. 한 곳에 며칠 머물러 주린 배를 채우게 되면 낙타와 말들은 더 이상 움직일 생각을 않는다. 그리고 뜯어먹을 풀들도 곧 바닥이 나게 된다.

실크로드에 명멸했던 도시와 인간

사막은 언제나 순결하고 깨끗하다. 사막 길은 끝없이 이어져 있지만 티끌 한 점 없이 맑고 가지런하다. 오늘 이 길 위에서 누군가가 죽으면 내일은 늑대들이 살을 뜯고, 모레는 독수리나 까마귀들이 남은 살점을 먹어치우고, 그 다음날쯤엔 사막을 태우는 인정사정없는 태양이 훌륭한 정화작용을 해서 깨끗한 백골만 남게 된다. 삶의 흔적으로 남은 백골은 그저 다음 여행객들의 이정표가 될 뿐이다. 이 불모不毛의 순수 앞에 인간의 생명이란 한 자락 바람이나 한 톨의 모래와 다름없다. 그러나 인간은 살아남았고 이 사막 위에 도시를 세우고 문명을 꽃피웠다.

실크로드의 끝없는 길을 따라 가는 동안, 나는 저 사막위에 세워졌다 사라진 수많은 도시를 만나게 되었다. 그 중에는 '누란樓蘭' 처럼, 이름만 들어도 슬픈 사연을 담고 가슴을 저리게 하는 도시가 있다. 비록 광활한 사막에서 한줌 모래로 사라졌지만 이러한 도시들은 실크로드를 찾는 여행객의 마음 한 귀퉁이에 여전히 광채를 띠며 살아있다. 열 시간 이상씩 혹은 몇날 며칠 동안 기차나 버스를 타고 사막을 관통하면서 이 죽음의 사막 위에 도시를 만든 사람들은 과연 누구이며, 그 도시는 어떻게 명멸하다 사라졌을까하는 생각에 사로잡히곤 하였다. 누란처럼 슬픈 공주의 미라만 남기고 사막의 모래바람 속에 흔적도 없이 사라져 버린 도시가 있는가 하면, 돈황이나 투루판처럼 마치 죽음의 바다 위에 떠있는 환상의 섬과 같은 도시도 있고, 맑은 물과 아름다운 꽃이 지천으로 피어있는 아름다운 오아시스의 도시도 있다. 도시는 인간 삶의 흔적이자 문명의 흔적이었다.

투루판 분지에는 『서유기』에 등장하는 손오공과 우마왕의 격전지 화염산이 작품 속의 한 장면처럼 자리하고 있다. 일몰 때, 낙타 위에서 화염산을 바라보면 꿈틀거리며 한 방향으로 굽이쳐가는 산등성이는 핏빛 같은 붉은 노을에 물들어 말 그대로 지옥의 화염처럼 보인다. 풀 한 포기, 나무 한 그루 없는 광활한 사막 위에서 붉은 불길을 뿜으며 쓰러져가는 산의 인상은 너무도 강렬하여 실크로드의 긴 여정에 오른 나그네들은 저절로 옷깃을 여미게 된다. 그리고 새로운 삶의 경이로움과 비애가 동시에 열리고 있다는 느낌을 가지게 된다. 실크로드에 살던 사람들은 그들의 예술 속에 황홀한 삶의 경이와 쓰디쓴 삶의 애환을 담아냈다. 화염산 남쪽 무르툭 강의 계곡에는 아름다운 벽화로 유명한 베제클럭 석굴 사원이 있다. 그러나 석굴 사원의 유물들은 독일과 일본의 도굴범들에 의해 거의 다 훼손되고 사라져 버렸다. 독일로 간 유물들은 2차 대전 때 거의 잿더미가 되었고, 일본의 오타니 탐험대가 약탈한 유물은 조선총독부 박물관에 들어가게 되었다. 그 오타니 유물은 한국의 독립으로 인해 국립중앙박물관에 고스란히 남게 된다. 최근 새롭게 단장한 국립중앙박물관의 중앙아시아 실에는 화염산으로부터 온 유물들이 옛 모습을 드러내며 실크로드의 오래된 고독과 우수를 보여주고 있다.

돈황에는 세계 최대의 예술 보고寶庫 중의 하나인 막고굴이 있다. 참으로 놀라운 것은 막고굴 안에 있는 대량의 정교한 벽화와, 무수한 형상의 생동적인 소상塑像이 그 옛날 중국의 서민들에 의해 그려지고 만들어졌다는 것이다. 1천여 개의 동굴이 있어서 천불동이라고도 불리는 막고굴은 대부분이 수당 시대부터 파여지기 시작하였다. 그러다보니 적지 않은 벽화들이 당시의 사회상과 사람들의 모습을 그대로 반영하고 있다. 귀족과 관리의

호화로운 생활, 서역 각 부족들의 형상, 중국과 외국의 상인이 무역을 하는 모습, 농부가 밭을 갈고, 어부가 고기를 잡고, 뱃사공이 배를 끌고, 장인이 물건을 만드는 장면 등은 당시의 생활상을 파악할 수 있는 귀중한 역사적 자료가 되고 있다. 벽화의 색채는 눈부실 정도로 현란하며 그림 하나하나에 나타나는 형상은 생동감이 넘친다. 하늘하늘한 긴 천을 육감적인 몸에 두르고 하늘을 빗 지르며 춤추는 비천飛天과, 비파를 뜯으며 흥에 겨워 몸을 흔들고 노래하는 선녀도 있다. 고대 일리아스의 트로이로부터 마야, 잉카의 도시들에 이르기까지, 사라진 왕국 속에서 우리는 인간의 역사와 시대를 풍미하던 위대한 인물들과, 그들이 이룩해 놓은 문명을 호흡하고 공감한다. 실크로드의 황량한 모래사막 위에도 사라진 인물들과 화려했던 도시, 그리고 그들이 만들어 놓은 문명의 흔적은 살아 숨 쉬고 있었다.

이승에서 저승으로

실크로드에 선 인간은 머나먼 길을 보게 되고 기나긴 길을 걷게 된다. 흔들리는 자동차에 몸을 싣고 실크로드를 달리고 있자면, 차창 밖으로는 가도 가도 끝없는 사막길이 이어진다. 사람도 집도 때로는 구름 한 점 없는 삭막하고 황량한 들판, 지평선은 아득하게 물러나 있고, 나와 나를 태우고 달리는 자동차만이 사막의 한가운데를 미끄러져 나아가고 있을 뿐이다. 이승에서 저승으로 이어지는 길인 듯, 지상의 삶에서 또 다른 영원의 삶으로 이어지는 길인 듯… 아무도 함께 할 수 없는 이 길 위에서 외롭고 고독한 영혼들은 그냥 앞을 향해 걸어갔다. 그 길은 그 누군가와 함께 있어도 적막한 길이었다. 실크로드에서는 언제나 혼자 일 뿐이다. 아! 아득한 실크로드의 길이여! 나는 실크로드의 지평에서서 사막의 바람 속을 헤매며 오아시스를 찾아 걷고 또 걸었다. 실크로드의 길은 꿈속의 길인 양 끝이 보이지 않았다.

서안의 먼지바람 속에서

예나 지금이나 양귀비는 "타고난 미모를 스스로도 감출 수 없다"는 듯 젖가슴을 훤하게 드러낸 채 화청지 연못에 서 있다.

장안시절과 마찬가지로 현재 여산의 화청지도 서안 최대 위락지이다. 길거리를 가득 메운 잡상인들, 성곽 아래 쓰러져 있는 늙은 거지, 버스 끝까지 쫓아와 조잡한 물건들을 내밀며 사기를 권유하는 여인… 이것이 역사 속 장안에서 현재의 서안으로 바뀐 모습이다. 1300년 전 장안에 내리던 가을비가 서안의 하늘 위로 다시 흩뿌려지고 있었다.

서안西安의 흥망성쇠

오랜 세월동안 중국은 광활한 국토와 찬란한 문화를 바탕으로 동방문화의 중심지로 군림해 왔다. 중국의 가장 화려했던 역사를 고스란히 보여주는 곳이 바로 3천년 역사를 지닌 서안이다. 서안은 섬서성陕西省의 성도로, 우리나라의 경주에 비교될 수 있는 역사와 문화의 도시이며 중국에서도 가장 유서 깊은 고도이다.

3천년의 역사를 지닌 도시답게 서안은 주, 진, 전한, 수, 당 등 수많은 왕조의 수도였으며, 1,100년 이상이나 중국의 정치, 경제, 문화의 중

심지였다. 역대 중국의 수도였던 북경, 서안, 낙양, 개봉, 남경, 항주 등의 6대 고도가운데도 서안은 가장 오랜 기간 동안 중국의 수도로 자리해 왔다. 서안의 원래의 이름은 장안長安이었고, 장치구안長治久安, 즉 장기적인 통치안정을 빈다는 의미로 당나라 때 수도로 정하며 처음으로 붙여진 이름이었다. 그러나 이 장안이 중국의 수도였던 것은 당대가 처음은 아니었다. 유방이 세운 한漢왕조도 장안을 수도로 삼았다. 유방이 경쟁자 항우를 물리치고 천하를 통일해 왕조를 연 기원전 202년, 유방이 수도를 물색하고 있을 때 장안은 낙양과 함께 도읍지의 후보에 올랐다. '천하'를 염두에 두고 생각하자면 낙양이 천하의 중심에 가까웠기 때문이다. 그러나 많은 신하들이 새 도읍지로 장안을 지지했다. 특히 장안을 지지했던 누경婁敬은 이 지방을 '천부天府'라고 불렀다. 천연의 보물장고라는 의미다. 유방이 장안으로 도읍을 정한 것은 누경의 주장에 더해 신임을 얻고 있던 장량張良이 추천했기 때문이다. 낙양은 토지가 좁아 사방이 수백 리에 지나지 않으며 토지도 황폐했던데 비해 장안은 기름진 평야가 천 리로 이어지며, 남으로는 풍요로운 지방이, 북으로는 다른 이민족과 통상을 통한 이익을 기대할 수 있었으며, 지형이 험난해 천연의 요새가 된다는 이유 때문이었다. 그만큼 장안은 예부터 풍요롭고 기름진 땅으로 소문나 있었다. 한 왕조는 200년 가까이 계속되다가 왕망에 의해 멸망하게 된다. 그 뒤 한의 일족이었던 유수가 천하를 통일해 후한을 세우는데, 이 때 장안은 왕망의 난으로 폐허가 되고 만다.

그로부터 수백 년이 지난 뒤 장안은 다시 황금기를 맞게 된다. 수나라가 이곳에 새로운 수도를 건립하게 되는 것이다. 이로부터 장안은 흥륭창성興隆昌盛의 뜻으로 대흥성大興盛이라 불리어졌다. 명나라 홍무2년(서기 1369년)에는 장안에 정부를 세웠으며, '서안' 이라는 지명은 이때부터 사용되게 된다. 장안이 가장 번창했던 때는 본격적으로 장안이라 명명되기 시작했던 당대 때부터이다. 장안은 당 태종 때까지만 해도 재정이 궁핍했으나, 고종 때부터 조금씩 사정이 나아지다가 현종에 이르러 전성기를 이루며 로마와 함께 세계의 중심지로 등장한다. 당시 장안은 동서 10킬로미터, 남북 8킬로미터에 인구는 150만 명이었으며, 이 중 외국 사신들의 수는 약 4천 명을 헤아렸다고 한다. 로마제국의 수도인 로마의 인구도 100만을 넘은 적이 있지만, 5세기에 서로마제국이 망한 뒤로는 인구가 급격히 감소해 10세기에는 고작 3만을 헤아렸다. 후에 당나라의 침입을 받았던 백제의 수도 부여의 인구도 5만에 불과했으니 장안은 당시로서는 그야말로 세계 최대의 도시였던 것이다. 서방의 대상이 비단을 사기 위해 파미르고원을 넘고 타클라마칸 사막을 횡단해 왔으며, 이곳을 통해 중국인이 서방으로 갔기에 장안은 사실상 실크로드의 기점을 이룬 곳이다. 이 길을 통해 서역과 서방제국 그리고 우리나라와도 활발한 문화교류를 하였다. 그만큼 장안은 실크로드의 기점으로서 동양과 서양의 문화 교류에서 중요한 역할을 한 당시 최대의 국제적인 도시였던 것이다.

찬란했던 장안을 중심으로 문학과 예술도 한껏 꽃을 피웠다. 아름다운 자연과 인간을 노래했던 왕유와 맹호연, 술과 달의 시인 이백, 현실주의의 거장 두보, 중국 변경의 이국적 산수와 풍물을 노래했던 백거이와 고적 등 저명한 시인들이 장안에 모여들어 인간과 삶을 노래했고 기쁨과 슬픔, 환희와 좌절, 현실과 낭만을 노래했다. 당나라 시인들은 나름대로의 시 세계 속에서 때로는 현실과 때로는 자연과 맹렬히 소통하며 훌륭한 시를 만들어냈다. 일본의 한학자 요시까와 코오지로오는

"당인唐人의 시는 활활 타오른다. 태어나는 순간 그것은 황망하게 죽음으로 향하는 인생에서 가장 귀중한 시적 순간이다"라고 표현하고 있다. 요시까와의 말대로 우리에게 시는 낭만의 세계이지만 당 시인들에게 시는 곧 생명이었다.

장안의 역사는 모란과 함께 떨어지고

서안으로의 입성을 환영하는 북대문北大門 입성식은 과거의 입성식 절차를 재현하며, 관광객들을 함께 참여시켜 새로운 경험을 하게 해 준다. 입성식은 먼저 북대문에 도착해서 일렬로 서있으면 병사복을 입은 수문장들의 신호에 맞춰 성문이 열리고 뒤로 간소한 황실 행렬식이 열린다. 그러면 참여한 관광객들은 제공되는 약술 한 잔을 마시고, 북대문을 통과하였다는 증명서와 함께 금색 열쇠를 받게 된다. 그리고 증명서를 들고 대문을 통과하고 나면 증표로 증명서에 도장을 찍어준다. 이어서 10여명 남짓한 무희들의 춤 공연이 있고, 공연이 끝나면 함께 참여한 사람들이 모두 모여 단체 사진을 찍게 된다.

북대문의 입성식과 함께 서안 역사의 상징으로 남아있는 것이 서안성벽이다. 높고 두터운 모습으로 서안 시내의 한 가운데에 자리하고 있는 서안성벽은 중국에서 보전되고 있는 건축물 중 가장 완벽한 고성 중의 하나다. 이 성벽은 명나라 홍무제 3년에서 11년에 걸쳐 건설되었다. 성벽은 외적으로부터 성을 방어 하는 중요한 역할을 하는 것이었다. 이미 600여년의 역사를 가진 성벽은 동서남북의 4개문이 그대로 보전되어 있고, 주변에는 넓고 깊은 호성하護城河가 흐르고 있다. 당나라 시대 때부터 장안은 치밀하게 구성되어진 계획도시였던 것이다. 장안성을 가로지르는 주작대로는 놀랍게도 현재 서울의 세종로보다 넓은 150m 정도에 달한다.

장안의 봄이 이울려고 하니
시끌벅적 마차들이 다닌다
모두들 모란의 계절이 왔다며
너도나도 꽃을 사러 간다
꽃은 귀천 따라 일정한 값이 없으니
낸 돈만큼 꽃송이를 보게 될 터
불타는 듯한 일백 송이 붉은 꽃
자잘한 다섯 묶음 하얀 꽃
위에는 장막을 쳐서 가려주고
옆에는 대울타리 짜서 보호한다
물 뿌리고 다시 진흙 위에 세우니

옮겨왔어도 빛깔은 예전 그대로
집집마다 따라들 하니 풍속이 되어
어리석은 사람들 깨닫지 못한다
-백거이, 〈꽃을 사다〉의 일부

서안의 곳곳에는 봄이 되면 그 옛날 장안의 영화를 뽐내듯이 모란꽃들이 만개한다. 장안에 모란꽃이 피는 시기는 3월 15일을 전후하여 약 20일간이라 한다. "꽃이 피고 지는 20일 동안 온 성의 사람들은 모두 미친 듯" 했으며, "도성의 대로마다 꽃피는 시절, 만 마리 말과 천 대 수레가 모란을 보러 간다"고 하였다. 시인이 "농염한 모란꽃, 사람 마음

을 뒤흔들어, 온 나라가 미친 듯 돈을 아까워 않네"라고 노래한 것처럼, 이 꽃 때문에 "장안의 10만 가구가 파산했다"고 하는 말도 결코 과장만은 아니었으리. 사람들은 장안의 꽃에 취하는 이런 사치풍조가 자연스레 인심을 퇴폐하게 만들어 당나라의 쇠락을 재촉한 원인이 되었다고 생각했다. 그만큼 당대에는 화려하고 사치스런 문화가 꽃피었음을 알 수 있다. 모란과 함께 장안의 역사도 명멸하였지만, 새봄이 되어 흐드러지게 핀 모란은 거리 곳곳에서 장안의 옛 역사를 말해주는 듯 했다. 장안 성곽 주변에는 싸구려 봉제 낙타인형과 열쇠고리를 주렁주렁 팔뚝에 매단 채 하나라도 더 팔기 위해 서성이는 소녀들이 여기저기 눈에 띈다. 성곽 뒤에는 걸인 하나가 하늘을 이불삼아 기다랗게 누워 있다. 세월은 여러 왕국을 거쳐 중화인민공화국으로 유구히 흘러왔건만 튼튼히 서 있는 장안 성곽과 그 아래 초라한 인간의 모습은 변함이 없다. 유장한 역사의 흐름 속에 시대가 바뀌어도 좀체 변할 줄 모르는 초라한 인간의 삶이 나그네의 마음속에 씁쓸한 감회를 불러일으킨다.

불로 장생을 꿈꾸던 진시황

중국 역사상 진시황만큼 긍적적으로든 부정적으로든 수많은 화제를 뿌린 인물이 있을까. 서안 시내를 출발해서 병마용박물관 도착하기 직전 진시황릉이 낮은 야산처럼 보인다. 최초로 중국을 통일한 황제 진시황이 여기에 묻혀 있다. 전한의 역사가 사마천에 의하면, 진시황은 황제가 된지 얼마 되지 않아서부터 능을 만들기 시작, 36년 만에 완성되었는데 그 때 이미 진시황이 죽은 뒤였다. 진시황은 불로장생을 꿈꾸면서도 다른 한편으로는 열세 살의 나이로 즉위 할 때부터 자기가 죽어서 들어갈 묘 자리를 파고 있은 셈이다.

중국 전국시대에는 '전국칠웅戰國七雄' 이라고 해서 일곱 제후가 다스리는 일곱 개의 강국이 있었고, 진秦은 그 중의 한 나라였다. 진의 시황제는 나머지 여섯 나라를 잇 따라 멸망시켰는데, 기원전 221년 최후까지 남아 있던 산동 반도의 제齊나라를 멸망시킴으로써 비로소 천하통일을 이룩하였다. 그가 태어난 기원전 259년은 중국이 전국칠웅에 의해 분열되어 서로 각축을 벌이던 시기였다. 그는 불과 13세의 어린 나이로 진왕에 즉위하였으며 23세에 친정에 들어가 본격적인 영토 확장 작업에 착수하였다. 진시황이 어린 나이에 왕이 되어 강력한 추진력으로 역사상 가장 거대한 통일 국가를 실현시켰던 것은 그의 왕성했던 정력 덕분이었다. 그는 하루에 1석(약30kg)의 서류를 결재하고서야 잠자리에 들었으며 통일 후 전국시찰도 다섯 번이나 강행하였다. 교통이 변변치 못했던 그 시대에 중국 대륙을 다섯 번 시찰했다는 것은 참으로 대단한 일이라 할 것이다. 그의 통일 사업은 기원전 230년부터 221년까지의 아주 짧은 기간에 이루어졌다. 기원전 8세기부터 분열된 중국이 진시황에 의해 하나의 통치체제 밑에서 새로운 역사를 전개해 나가기 시작했던 것이다. 진시황은 최초로 중국 통일 과업을 이루었다는 점에서 중국역사상 독보적인 존재로 평가받는다. 그러나 통일제국에 대한 지나친 집착으로 인해 폭군으로 부각되는 상반된 평가를 받고 있기도 하다. 통일의 대업을 달성한 그는 중앙집권적 전제정치체제를 수립하기 위해 모든 노력을 기울였다. 우선 황제라는 존호를 최초로 제정하고 자신의 영화가 이세, 삼세는 물론 만세까지 계속되기를 바라는 마음에서 스스로 시황제始皇帝라 칭했다.

또한 그의 불로장생에 대한 집념은 익히 알려져 있다. 그는 자신의 목숨이 영원하기를, 그리고 자신이 세운 통일제국이 영구히 존속되도록 하기 위해 온갖 노력을 다했다. 천하통일의 대업을 이룩한 진시황은 모든 방법을 동원해서라도 죽음을 피하고 싶었다. 진시황은 서시徐市에게 어린 소년 소녀 3천명과 많은 보물을 실은 배들을 거느리게 하여 동해에 있다는 신선이 사는 섬에서 불로장생의 약초와 약을 구해오도록 하였다. 몇 년이 지나도록 약을 구하지 못하자 서시는 일행은 결국 일본 쪽으로 도망치고 만다. 그 후 진시황은 스스로 신선이라 칭하는 노생과 후생이라는 사람들을 불러들여, 불로장생의 약을 찾지만 다시 실패하고 만다.

세상의 모든 부귀와 무소불위의 권력을 가진 진시황에게도 불로장생의 집념은 실현될 수 없는 것이었다. 영생을 향한 그의 노력은 물거품이 되고 기원전 210년, 진시황은 50세의 나이로 죽게 된다. 이어 진제국도 왕위계승을 둘러싼 혼란이 지속되어 그의 희망처럼 영원한 제국을 이루지도 못한 채 망하고 만다. 진시황은 위대한 업적에도 불구하고 불로장생의 헛된 꿈을 꾸고 아방궁과 거대한 황릉을 세우고, 분서갱유를 일으킨 유례없는 독재자의 모습으로 우리들에게 알려져 있다. 이제 그가 휘두르던 화려한 시대는 가버리고 진시황릉과 진시황병마용의 장엄함만이 그의 시대를 말해 줄 뿐이다.

진시황秦始皇의 황궁은 지금은 그 모습이 남아있지 않고 흔적만 남아있지만, 그 자체만으로도 그 옛날의 규모가 어느 정도였는지 충분히 짐작할 수 있을 정도이다. 서안시 서쪽 교외에 있는 이 유적지는 동서 2,500m와 남북 1,000m의 크기로 앞의 전殿과 뒤의 궁宮, 두 부분으로 나뉘어져 있었다고 한다. 유적지는 동서 1,300m와 남북 500m의 60만 평방미터의 면적으로 1만 명을 수용할 수 있었다. 아방궁은 한편으로는 황제의 위엄을 보이기 위해서, 또 다른 한편으로는 더 많은 사람들이 황제를 알현하기 위해서 건설되었다. 역사적 기록에 의하면, 진시황이 중국을 통일하고 하나의 국가로서 정복하는 과정에서 지금의 북경인 경성京城과 서안인 함양咸陽의 궁궐들을 새로 지어서 이것을 "육국궁전六國宮殿" 이라 불렀다. 어느 날 진시황이 각지의 12만 영주와 부상富商들을 함양으로 모았는데, 함양궁에 늘어선 인파가 입추의 여지가 없었다고 한다. 그런데 이곳은 남쪽으로는 위강渭江, 북으로는 고원을 접하고 있어서 앞으로 통할 수가 없었다. 이에 진시황은 위강을 메워 남쪽의 평원까지 확장시켰고, 진시황이 중국을 통일한지 9년 후였던 서기 212년에는 서주西周의 풍고 근처에 아방궁의 터를 만들기 시작했다. '아방阿房' 이라는 것은 '근방近旁' , 즉 함양의 근처를 의미하는 것이다. 이 궁은 시작 당시 죄수 70만 명을 동원하였다고 한다. 하지만 진시황은 건립의 완성을 보지 못하고 죽었고 2대 호해황제까지 지어 그 전각이 700동이 되었다고 한다.

아방궁의 크고 작은 전우殿宇는 700여 곳에 이르고, 그 넓이와 규모가 워낙 커서 각각의 방이 모두 기후가 달랐다고 한다. 진시황 생전에는 주변의 여러 나라에서 가져 온 귀중품과 미녀들을 궁내에 보관해 두었고 매일 돌아가며 취하였는데 죽을 때가 되어도 다 소진하지 못했다고 한다. 진왕조의 하늘을 찌르던 위세가 서서히 쇠락해가고 농민봉기가 일어나 항우項羽가 군대를 이끌고 함양을 함락시키면서 아방궁도 폐허로 남게 되었다. 항우는 아방궁을 모두 불태웠으며 그 불은 3개월 동안 계속 타올랐고 진나라도 3대만에 통치 15년으로 멸망하고 말았다.

아방궁을 지었던 진나라의 진시황도, 이화원을 복원했던 서태후도, 사랑하는 왕비의 무덤을 위해 타지마할을 건축했던 인도 무굴제국의 샤자한 왕도 모두 권력과 함께 몰락하고 사라져 갔다. 이 세상에 불로장생이 존재할 수 없는 거와 마찬가지로 절대 권력도 존재할 수 없는 것이리라. 서쪽하늘에 해는 지고 있었고 복원된 아방궁에 서있는 진시황 조각상은 점점 어둠 속으로 휩싸여 가고 있었다.

서안 시내에서 동북쪽으로 약 30km 거리에 있으며, 진시황릉에서 북동쪽으로 1.5㎞ 떨어진 곳에 위치한 진시황병마용은 1974년 한 농부가 우물을 파다가 우연히 발굴했다. 진시황병마용은 세계 8대 불가사의로 꼽힐 만큼 상상을 초월하는 규모를 갖추고 있다. 병마용이란 흙으로 빚어진 병사와 말을 가리키는데, 진시황의 사후에 그의 무덤을 지키기 위해 만들어진 상징적인 군대이다. 현재까지도 발굴이 계속되고 있으며 2, 3개의 갱이 추가로 발굴되었는데, 그 가운데 1호 갱에만 6,000여 병마가 실물 크기로 정연하게 늘어서서 금방이라도 함성을 지르며 뛰쳐나올 것 같다. 더욱이 이들은 모두 제각기 다른 표정과 다른 머리 모양을 하고 있으며 각각의 자세 또한 다르다. 흙으로 만든 모형물들은 실제 병사들의 모습만큼이나 사실감을 지니고 있다. 1호 갱에는 주로 보병 중심의 우군이 배치되어 있고, 2호 갱에는 전차 중심의 기마군인 좌군. 3호 갱에는 지휘관들을 위한 군사령부가 배치됐다. 4호 갱도 존재하지만 혼란스러웠던 진나라 말기라 완성되지는 못한 것으로 보인다. 규모는 1호 갱의 우군이 가장 크고, 그다음으로 2호 갱의 좌군이다.

지휘관이 있는 3호 갱의 군사령부는 규모가 작은 편이다. 대부분 신장 180cm의 건장한 남성으로 제작된 병마용들은 제각각 다른 얼굴 다른 표정을 하고 있을 뿐 아니라 이들의 얼굴 골격으로 보아 다양한 민족으로 구성되어 있음을 알 수 있다. 이는 진나라의 넓은 영토를 그대로 반영한 것으로 해석된다. 이처럼 각각의 체구와 얼굴, 표정까지 다르게 표현할 수 있었던 것은 실제 병사들을 모델 삼아 만들 것이기 때문이라고 추측된다. 얼굴이 둥글고 턱이 뾰족한 형은 지금의 사천성 지역 출신이고, 통통한 얼굴형은 산시성 남부 출신, 그리고 튀어나온 광대뼈와 덩치가 큰 체형인 병마용은 간쑤성 동부 출신이다. 그 옛날부터 중국에는 중화정책이라는 것이 존재했던지 지역과 민족을 아우른 진시황의 부대는 가히 세계화된 부대라 할 수 있을 것이다. 어쨌든 진시황병마용은 진시황이 죽은 후 3년 뒤에 초패왕 항우가 이곳을 불지른 이래 두 번째로 이 세상에 모습을 드러내는 셈이다. 병사들이 들고 있던 창과 검과 방패는 항우가 모조리 전리품으로 가져갔다. 무장해제 된 병사들은 위대한 황제의 종말을 지키는 듯 모두 눈을 부릅뜨고 허공을 응시하고 있다. 영원할 것 같던 황제의 권력과 위세는 절대 권력의 상징이던 지하 아방궁과 함께 불타 사라졌다. 황제여, 당신의 권력과 생명이 영원불멸의 것 일줄 알았던가. 결국 한 웅큼의 부토로 사라지고 만 절대 권력자의 부질없는 인간적 야망을 생각하며 지친 다리를 끌고 화청지로 향했다.

양귀비는 화청지에서 춤추고

화청지는 서안에서 25㎞정도 떨어진 임동현 여산의 서북쪽 기슭에 위치하고 있다. 이곳은 예부터 이름난 온천지로 알려져 있지만, 화청지를 더욱 유명하게 만든 것은 양귀비와 당 현종 사이의 비련의 사랑 때문이다. 예나 지금이나 양귀비는 "타고난 미모를 스스로도 감출 수 없다"는 듯 젖가슴을 훤하게 드러낸 채 화청지 연못에 서 있다.

736년에 현종은 사랑하던 무혜비를 잃고 실의의 나날을 보내고 있었다. 후궁에는 아리따운 미녀가 3천명이나 있었으나 누구하나 현종의 마음을 끄는 여인은 없었다. 이럴 즈음 현종의 귀를 솔깃하게 하는 한 가지 소문이 현종의 관심을 끌었다. 수왕비가 보기 드문 절세의 미녀라는 소문이었다. 현종은 은근히 마음이 끌려 환관에게 명하여 일단 수왕비를 자신의 술자리에 불러오도록 하였다. 현종은 수왕비를 보자 한눈에 마음이 끌렸다. 수왕비는 빼어난 미모일 뿐 아니라 매우 이지적인 여성으로 음악, 무용에도 남다른 재주가 있었다. 술자리에서 현종이 작곡한 '예상우의곡霓裳羽衣曲'의 악보를 보자 그녀는 즉석에서 이 곡에 맞추어 노래를 부르며 춤을 추는 것이었다. 그녀의 자태는 마치 선녀가 하강하여 춤을 추는 듯 현종의 마음을 사로잡았다. 수왕비야말로 다름 아닌 후의 양귀비로서 이 만남을 계기로 현종과 양귀비의 로맨스는 막을 올리게 된다.

양귀비의 본명은 옥환玉環으로 원래는 현종의 열여덟 째 아들 수왕 이모李瑁의 아내였다. 수왕 이모는 현종과 무혜비 사이에서 태어난 아들이니 양귀비는 바로 현종의 며느리인 것이다. 56세의 시아버지 현종이 22세의 며느리와 사랑을 불태운다는 것은 당시로서도 충격적인 스캔들이 아닐 수 없었다. 현종은 중신들의 반대에도 불구하고 우선 양귀비 자신의 뜻이라 빙자하여 그녀를 여도사로 삼아 우선 남궁에서 살게 하고 태진이라는 호를 내려 남궁을 태진궁 이라 개칭하였다. 태진이 귀비로 책봉되어 양귀비로 불리게 된 것은 그 후의 일이지만 남궁에 들어온 태진에 대한 현종의 열애는 대단한 것이었다. 남궁에 들어온 지 1년도 채 못 되어 태진은 마치 황후가 된 듯 도도한 행동마저 보였다. 두 사람은 깊은 밤도 오히려 짧은 듯 해가 높이 떠올라도 잠자리에서 떨어질 줄을 몰랐다. 이렇게 하여 일찍이 흥경궁에 근정전을 세워 아침 일찍부터 밤늦게까지 정무에 열중하던 현종 황제는 정치에 대한 흥미를 완전히 상실하여 딴 사람처럼 되어 버렸다.

천보 10년(751) 칠월칠석이었다. 현종은 화청궁에 거동하여 장생전에서 양귀비와 함께 노닐고 있었다. 이윽고 밤이 깊어 하늘에는 은하수가 아름답게 흐르고 있었건만 웬일인지 하늘을 쳐다보고 있던 양귀비는 갑자기 흐느껴 울기 시작하였다. 현종은 왜 우느냐고 달래었으나 양귀비는 그저 울음만을 계속 울 뿐 아무 말도 하지 않으려 했다. 이윽고 양귀비는 눈물을 닦으면서 띄엄띄엄 그의 심정을 털어놓았다. "하늘에 반짝이는 견우성과 직녀성, 얼마나 아름다운 인연입니까. 저 부부의 지극한 사랑, 영원한 애정이 부럽습니다. 저 부부와 같았더라면 얼마나 좋을까 하는 생각이 듭니다." 양귀비가 눈물을 흘리며 말하는 한 마디 한 마디는 현종의 마음을 아프게 찔렀다. 그리하여 두 사람은 서로의 손을 붙잡고 그들의 영원한 애정을 하늘에 반짝이는 별에게 맹세하는 것이었다. "하늘에서는 비익조比翼鳥가 되고, 땅에서는 연리지連理枝가 될 지이다." '비익조' 는 중국 전설에 나오는 새로, 암수가 한 몸이 되어 난다는 데서 사이가 좋은 부부를 상징하고, '연리지' 또한 중국 전설에 나오는 나무로, 뿌리는 둘이지만 가지는 합쳐져 하나가 된다는 데서 부부의 깊은 애정을 상징한다. 현종과 양귀비는 이 '비익조'와 '연리지'처럼 영원히 떨어지지 않을 것을 맹세한 것이다.

어떤 사람은 목숨을 바칠 수 있어야 사랑하는 거라고 하고 어떤 사람은 만나서 좋으면 사랑하는 거라고 하지만, 우리 인간은 구름을 지나는 달처럼 사랑이라는 물결 속으로 빠져 들어간다. 현종은 양귀비에게 정신을 빼앗겨 당 왕조의 정치는 부패일로를 치닫게 되고, 정사를 농락하게 되었다. 이때부터 안록산이라는 절도사가 지나치게 권력을 쥐게 되어 조정에서 견제를 하자 안록산의 난을 일으키고, 이 후 사사명의 난, 황소의 난 등으로 당나라는 점차 쇠락의 길을 걷게 된다. 현종은 안록산의 난으로 피난하던 중 군사들이 귀비의 처형을 요청했고, 그녀는 결국 산사에서 자살하는 것으로 파란의 삶을 마감한다. 그녀가 누리고자 했던 미모도 권력도 당의 역사와 함께 화청지 속에 영원히 가라앉아버렸다. 과연 누가 현종을 나무랄 수 있을까? 그는 사랑에 눈이 멀어 권좌를 잃은 미련한 사람이었을까? 아니면 사랑의 불꽃에 온몸을 던진 부나방과 같은 존재이었을까? 아쉬움으로 남는 것은 자기가 살기 위해 사랑하는 여자만을 죽게 했다는 것, 그녀를 안은 채 최후를 맞이하였다면, 후세의 이야기꾼들은 현종을 어떻게 평가했을까. 백낙천은 현종과 양귀비의 애달픈 사랑 이야기를 〈장한가長恨歌〉라는 이름으로 후세에 전한다.

양귀비 쓰러져 죽은 진흙더미 속에는
고운 얼굴 어디 가고 죽은 자리만 남아
황제 신하 서로 보며 눈물 옷깃 적시네
동쪽 도성문 향해 말에 길을 맡겨 가니
돌아와 본 황궁의 정원은 변함 없어
태액지의 부용도 미양궁의 버들도
부용은 양귀비 얼굴 버들은 눈썹
이들을 대하고 어이 눈물 아니 흘리리

–백거이, 〈장한가〉의 일부

절대 권력이 존재할 수 없는 거와 같이 영원한 사랑이라는 것도 존재할 수 없는 것인가. 756년 안록산의 난으로 화청지는 불에 타서 훼손되었으며 현재의 모습으로 복구된 것은 1958년부터 대규모의 문화재 복원사업을 진행하면서부터이다. 화청지는 중국 근대사의 전화점이 되었던 서안사변이 일어나 세계의 이목이 집중되기도 하였다. 1936년 12월 장학량을 원수로 하는 동북군과 양호성이 이끄는 십칠로군은 내전을 중지하고 중국을 핍박하는 일본을 공격하자는 주장에 합의하였다. 하지만 당시 국민당정부의 장개석이 찬성을 하지 않자 장학령, 양호성은 장개석을 서안의 화청지에서 연금하였다. 이 사건은 훗날 항일 국공합작의 발단이 되어 중국 현대사의 중요한 시발점이 되었다. 이렇게 장안성에는 역사와 권력의 흔적들이 곳곳에 남아 있었다.

이백李白과 나눈 술잔

서안의 밤은 깊어가고 있다. 오늘 저녁은 서안의 유명한 야시장을 둘러볼 참으로 숙소에서 낮에 다닌 곳을 대충 기록해두고 야시장으로 향했다. 꽤 밤늦은 시간이었지만 야시장에는 사람들이 붐볐다. 길거리 이곳저곳에는 돼지고기, 소고기를 수레에 진열해 두고 파는가 하면 중국 어디에서나 볼 수 있는 꼬치구이를 굽는 냄새가 진동하고 있었다.

중국인들의 특징 중 하나인 만만디는 낮과 밤을 불문하고 어디에서나 그 속성을 드러낸다. 서안 곳곳에서 밤마다 볼 수 있는 야시장이 바로 그런 속성을 체험할 수 있는 장소의 하나다. 오후 5시부터 자정이 넘도록 이어지는 야시장은 중국인들과 섞여 여유를 즐기며 흥겨운 밤 분위기를 만끽하기에 좋다. 서안 성 북쪽의 제팡루과 교차하는 등신제, 서안성을 중심으로 가로지르는 베이다제, 그리고 서안 성 밖의 진화난루에서는 밤마다 정감 넘치는 야시장이 펼쳐진다. 야시장은 중국 서민들이 즐겨 이용하는 곳으로 서민들이 살아가는 삶의 모습을 가장 잘 체험 할 수 있는 곳이다. 이곳의 음식 값은 놀라울 정도로 싸다.

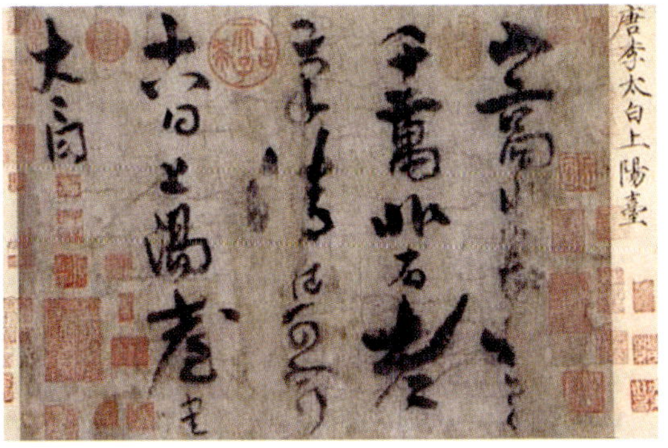

야시장의 어느 주점에 자리하고 이백이 평소에 즐겨 마셨다는 술인 쵸우지우稠酒를 시켰다. "한말의 술, 시 백편", 이백이 한 말이다. 주점에 자리하고 앉아 주변을 살펴보고 있으니 어두침침한 주점의 저 구석에서 백발이 성성하고 눈이 형형한 노인 한 사람이 자꾸 나를 바라보고 있다. 어디선가 많이 본 듯한 얼굴, 그가 위대한 시인 이백은 아닌가? 술에 취해 착각을 일으켰는지, 꿈이라도 꾸는 듯 이백처럼 보이는 그 노인과 자리를 함께 하여 대작하게 되었다. 시를 통해 오랫동안 그리던 사람과의 만남은 서안의 야시장에서 이렇게 이루어졌다. 이백은 장진주將進酒를 읊으며 '술잔을 받으라' 권하면서 나에게 잔을 건넸다.

그대 모르는가?
황하의 물은 하늘에서 내린다네
한번가면 다시 못 올 길 바쁘게도 흐르는구나

그대 모르는가?

고귀한 이도 거울에 비친 흰머리 서럽고

아침에 검던 머리 저녁엔 눈같이 희니

뜻은 이루어 뭣 하려오 그냥 즐겁게 사시구려

공연히 잔 채워 빈 달空月에 권하지 마오

–이백, 〈장진주〉의 일부

거나해진 이백은 다시 한편의 시를 읊기 시작했다. 〈월하독작〉(月下獨酌1))이라는 시였다.

꽃나무 사이에서, 한 동이 술을

친구 없이, 혼자 마신다.

잔 들어 밝은 달을 맞고

그림자를 마주하니 셋이 친구 되었네

달은 술을 아예 마시지 못하니

그림자만 부질없이 나를 따라 다니네

잠시 달을 친구하고 그림자 거느리고

즐거움을 누리는 이 일 봄에야 가능하리

내가 노래하면 달도 따라다니고

내가 춤추면 그림자도 덩실덩실 춤을 춘다

깨어서는 함께 서로 기뻐하고
취한 뒤에는 각자 나누어 흩어진다.
정에 얽매이지 않는 사귐을 영원히 맺어
저 멀리 은하수에서 만나기를 서로 기약하자.

－이백, 〈월하독작1〉 전문

이런저런 고통을 주는 인간적 교유를 두려워하면서도, 다른 한편으로 인간의 정을 그리워하는 이백의 모습이 그의 시에 잘 드러나고 있다. 예나 지금이나 인간을 만나 사귀고 헤어짐이 얼마나 어렵고 힘든 일인가. 현종과의 만남으로 인해 정치적 부침을 거듭하던 이백은 인간에 대한 환멸과 인간으로부터의 배신에 떨고 있었다. 하지만 그는 세속의 모든 헛된 권력과 명예에 연연하지 않은 천상 시인이었다. 서안의 밤은 이백과의 환상적인 만남 속에서 깊어가고 있었다. 독한 중국술의 주기는 혈관 속 여기저기를 마음껏 뛰어다니며 나를 취하게 만들고 있었다.

역사가 남긴 풍경

아침이 되어도 전날 마신 술이 깨지 않는 작취미성의 상태다. 오늘은 서안 시내의 가까운 곳을 여기저기 둘러보기로 했다. 먼저 서안의 교자연餃子宴을 보러 가기로 했다. 교자연은 서안시 해방로에 위치한 교자관에서 처음 만든 것으로, 고대부터 현재에 이르는 남북의 교자를 모두 모아 놓은 것이다. 우리가 보통 '만두' 라 부르는 속이 들어간 전병 쌈을 중국에서는 '교자' 라 부르며, 정작 중국 만두는 속에 아무것도 들어있지 않은 밀가루 떡을 말한다. 토지가 비옥한 남방에서 쌀을 주식으로 먹는 반면, 척박하고 추운 기후의 북방에서는 밀로 만든 국수나 만두, 교자를 즐겨 먹었다. 지금은 지역에 상관없이 누구나 좋아하는 전통음식이며 별미가 되었다. 중국인들은 춘절(설날)에 가족끼리 교자를 빚고 쪄먹으며 새해를 맞는다. 돈을 무척이나 좋아하는 중국 사람들에게 이 교자라는 음식은 각별한 의미가 있다. 반달형의 교자모습은 옛날 돈의 모습과 유사한데, 고대부터 돈을 좋아하던 중국인들이 음식을 돈 모양으로 만들어 먹은 데서 비롯된 것이다. 실제로 설날에는 교자를 가족끼리 만들어 먹으면서 일부러 동전을 몇 개 넣어 두는데, 그 동전을 깨무는 사람에게 돈복이 온다고 믿는다. 북경의 유명한 훈둔(만두국)부터 광동의 얌차에 이르기까지 교자의 모습과 맛, 재료는 각양각색이다. 고기, 야채, 버섯 등의 다양한 재료와 물고기, 꽃, 나비 등의 화려한 모양의 교자를 찌거나, 삶거나, 굽거나, 튀겨서 내 놓는다. 이런 다양한 교자의 종류가 200여종에 가깝다고 하니, 역시 중국은 음식의 천국이라는 생각이 든다. 서안의 한 음식점에서 시작된 교자연은 이미 20여년의 역사를 지니고 있으며, 해외 관광객에게까지 그 유명세를 떨치고 있다.

넓은 대륙 곳곳에서 만들어지는 다양한 교자의 맛들을 이곳 서안에서 한 번에 맛볼 수 있는 것이다.

수많은 동쪽 젊은이들이 이곳 서안에 모여 서역 땅으로 떠났다. 당나라, 신라, 일본 등지의 젊은이들은 이곳 서안에서 모여 정보를 나누고 사막으로 떠났고 용케 살아남은 자들은 서역 천축에서 재회하곤 했다. 혜초도 삼정법사도 장안에서 많은 정보를 얻고 서역으로 떠났다. 장안의 대안탑大雁塔은 서역으로 떠나는 사람들에게 이정표의 역할을 하는 곳이었다.

신라 화랑 혜초가 승려가 되어 서역을 향해 첫 발을 내디뎠을 때는 16세였다. 혜초는 어린 나이에 원대한 꿈을 안고 서역으로의 유학을 결심한 것이다. 삼장법사로 유명한 고승인 현장은 629년 황제의 허가를 얻지 않고 혼자 장안을 출발하였다. 이후 투르판, 사마르칸트를 거쳐 바미얀(아프가니스탄), 간다라(파키스탄)를 거쳐 마침내 동경하던 천축(인도)에 이른다. 카시미르에서 2년 체재 후 북쪽에서 남쪽까지 인도 각지를 여행하고, 16년 후인 645년에는 150개의 불사리佛舍利, 8체의 불상, 657부의 경전을 가지고 장안으로 돌아온다. 그가 지은 〈대당서역기大唐西域記〉는 후세에 유럽 학자의 발굴 안내서로 귀중하게 사용되어졌다. 그는 가지고 돌아온 많은 경전을 직접 번역하였다. 왕실은 그를 대대적으로 환영하며 그의 번역 작업을 위하여 대안탑을 세웠다. 성 동쪽 끝에 우뚝 서 있는 대안탑은 그 방형 내부 어디에서나 보일 정도로 거대하다. 비상하는 기러기처럼 탑은 1300년 세월 동안 서안에서 벌어진 역사를 굽어보며 떠나는 나그네들에게 길을 안내하며 변함없이 서 있다. 탑이 서 있는 자은사慈恩寺는 관광사찰로 변했다. 하지만 촛불과 향은 예전과 변함없이 붉은 신심을 태운다.

대안탑 부근에 있는 섬서성陝西省 최대의 현대화된 1급 박물관인 섬서 역사박물관, 중국 서예 예술의 보고로 한나라에서 청나라에 이르는 이름난 서예가들의 필적을 모아 둔 비림碑林, 현장의 유골을 모신 홍교사興敎寺, 이슬람사원 청진사淸眞寺 등을 둘러보다 보니 장안에는 또 다른 밤이 오고 있었다.

지친 몸을 끌며 숙소에 도착하여 침대에 기대어 누우니 장안의 화려했던 과거와 오늘이 교차하며 머리 속을 어지럽힌다. 그 옛날 장안에 둥근 달이 뜨면 권력자들은 술잔을 부딪치며 자신들 권력의 힘에 취해 반라의 서역 무희들의 춤을 감상했으리. 앳된 소녀 양옥환도 시골에서 자라 평범한 삶을 마쳤어야 옳았으리라.

장안의 역사가 간직하고 있는 화려하고 헛된 영화의 실체를 아는지 모르는지 현재의 서안거리와 사람들은 그 흔적의 껍데기를 안고 분

주하다. 길거리를 가득 메운 잡상인들, 성곽 아래 쓰러져 있는 늙은 거지, 버스 끝까지 쫓아와 조잡한 물건들을 내밀며 사기를 권유하는 여인… 이것이 역사 속 장안에서 현재의 서안으로 바뀐 모습이다. 1300년 전 장안에 내리던 가을비가 서안의 하늘 위로 다시 흩뿌려지고 있었다.

돈황의

별을 바라보며

초록빛이 반짝이는 어두운 하늘과 긴 그림자를 드리운 암흑의 명사산에는 총총한 별들이 명주실처럼 이어질 듯 잘리어 흩어져 있다.

아득한 별자리들을 헤아리려 하지만 별들은 모였다가 이내 흩어지곤 한다. 별들은 흩어지지 않기 위해 온몸을 떨며 서로를 힘차게 끌어당기고 있는 것 같이 보인다.

돈황 산장의 황홀한 밤

'돈황' 이라는 말의 뜻은 '타오르는 횃불' 이라고 한다. 돈황은 과거에 많은 사람들이 갈망하는 오아시스로 유명했지만 오늘날도 많은 사람들이 모여드는 관광의 도시가 되었다. 오아시스인 돈황은 한나라 때부터 서역으로 나가는 관문이었다. 서안을 출발한 여행자들이 본격적인 서역여행을 시작하기위한 첫 번째 관문이자 실크로드의 출입구인 셈이다. 돈황을 떠나 다음 오아시스를 만날 때까지는 서쪽으로 약 100km 정도를 더 가야 한다. 깐수성 서쪽의 돈황은 성의 경계를 넘어 신강성 위구르 자치구의 하밀, 투르판, 우루무치로 이어지는 천산북로와, 거대한 타클라마칸 사막 아래 누란, 민풍, 호탄으로 이어지는 천산남로의 길로 나눠지는, 실크로드 상의 가장 중요한 도시이다. 아울러 깐수성 아래 칭하이성의 꺼얼무格爾木를 거쳐 육로로 티벳을 향하는 기점이기도 하다.

따라서 고대부터 실크로드를 따라 서역으로 떠나는 사람들은 마지막으로 이곳 돈황에서 여행 계획을 점검하고 필요한 물자를 조달했다. 돈황을 떠나 서쪽으로 가면 곧 험난한 타클라마칸 사막을 만나게 된다. 이곳에서는 죽음과 직면할지도 모른다는 정신적 불안감과 육체적 고통을 극복하기 위해서 마지막 다짐을 하는 곳이기도 하다. 실크로드를 통과하는 순례자와 대상들은 자신과 일행의 성공적인 여정을 위해서 이곳 돈황에서 한숨 돌리며 간절히 기도하였을 것이다. 반대로 서역으로부터 중원으로 들어올 때는 사막의 공포에서 마침내 벗어났다는 안도와 감사의 기도를 올리고 기뻐하기도 했을 것이다.

돈황역이라는 기차역은 사실은 돈황에서 130여 km 떨어진 류원柳園 마을에 위치해 있다. 이 기차역에 내려 다시 버스를 타고 2시간 이상을 달려야 오아시스 마을 돈황에 이르게 된다. 2시간 내내 황량하고 팍팍한 사막과 지평선만이 이어지다가 군데군데 포플러 나무들이 보이기

시작하면 돈황이 가까워졌다는 것을 알 수 있다. 거친 모래사막 때문에 예전엔 이곳을 사주沙州라 불렀다.

서안으로부터 기나긴 기차여행 끝에 마침내 밤늦은 시간 돈황에 도착한다. 도착하자마자 먼저 숙소인 돈황 산장으로 향한다. 하늘을 올려다보니 돈황에 도착한 것을 축하라도 하려는 듯 둥그런 보름달과 수정 같은 별들이 찬연하게 빛나고 있었다. 산장이라면 으레 후줄근하고 볼품없는 곳쯤으로 알았는데 이곳 돈황 산장은 호텔수준이다. 건물외관은 고대 성곽을 흉내 내기 위해 황토 흙으로 성처럼 쌓아서 만들어졌고, 넓고 높은 호텔로비는 사람들을 압도할 정도다. 실내 또한 검정 대리석과 통나무로 훌륭한 조화를 이루고 있어 이국적인 정취를 자아내고 있다. 마이크로 소프트의 빌게이츠 회장이나 장쩌민 주석, 주용기 등 중국의 저명한 인사들이 다녀갔던 곳으로, 이를 자랑이라도 하듯 큼지막한 사진들이 로비에 전시되어 있다. 이 산장의 가장 큰 장점은 무엇보다도 돈황의 상징인 명사산을 배경으로 서 있다는 점이다. 설레는 마음을 안고 돈황에서 첫 밤을 맞았지만, 쉽게 잠을 이루지 못할 것 같다.

산장 주변과 명사산을 산책하며 돈황의 첫 밤을 보낸다. 자정이 가까운 시각, 가을밤이 익어가는 돈황 산장과 명사산 주변의 밤 사막을 서성인다. 황홀함으로 잠은 멀리 달아나고 없다. 만일 한번이라도 산과

들에서 밤을 세워본 일이 있는 사람이라면 인간이 모두 잠든 깊은 밤중에는 낮보다 더욱 아름답고 신비로운 세계가 펼쳐지고 있다는 것을 알게 될 것이다. 사람들이 모두 잠 속으로 떠난 밤, 달빛과 별빛이 은은하게 온천지를 비추기 시작하면 샘물은 훨씬 더 맑은 소리로 노래 부르고, 나뭇가지와 풀잎은 바스락대며 부쩍부쩍 자라기 시작하고, 산신령들도 거침없이 오락가락 노닐며, 대기 속에는 만물들이 서로 대화를 나누기 시작한다. 낮은 인간들의 세상이지만 밤은 물상들의 세상이다.

명사산鳴沙山의 별은 떨어지고

명사산의 밤하늘 저편 위에는 영롱한 별들이 금새 머리위로 쏟아질 듯 가득하고, 하늘을 가로지르는 선명한 은하수의 흐름이 별들의 길을 놓아 주는 듯하다. 그 사이로 이따금씩 떨어지는 별똥별, 어린 시절 모깃불을 피워 물고 평상에 누워 할머니의 팔을 베고 올려보던 그 밤하늘이 그대로 펼쳐지고 있다. 명사산의 사구가 고이 잠든 사막의 밤, 정말 오랜만에 친숙한 별자리를 선명하게 볼 수 있었다. 북두칠성과 그 위의 큰곰자리, 작은곰자리, 북극성, 카시오페아, 등등 사위가 잠들어 절대 고독과 침묵이 지키고 있는 사막의 별밤이었다. 초등학교 시절 시골 친구들과 여름 들판에 누워 밤하늘 은하수의 장엄함과 아름다움을 본적이 있다. 그렇게 아름다운 은하수를 본 것은 그때가 처음이자 마지막이었다. 그 후로는 한 번도 그런 자연의 장관을 본 적이 없다. 간혹 야외에서 야영을 할 때 별들이 무수히 머리 위로 쏟아지는 듯한 경험을 한 적은 있지만, 어릴 때 본 은하수에 비하면 아무것도 아니었다. 과학적으로 말하자면 현재 우리가 보고 있는 북극성은 1100년 전에 떠난 낡은 빛이며, 그것이 지금 우리 눈앞에서 반짝이고 있는 것이다. 1100년 전 여행을 떠난 별빛이 광속으로 이동하여 마침내 오늘 나의 시야에 들어와 반짝인다는 것은 생각할수록 경이롭고 신기한 일이다. 1100년 전이라면, 저 신라 시대에 떠난 빛이 아닌가. 신라의 어느 총각이 사랑하는 처녀를 그리며 쳐다보던, 혹은 먼 당나라로 유학을 떠났던 어린 최치원이 길을 잃고 쳐다보던 별을, 지금 나는 중국 땅 돈황에서 바라보고 있다. 지금 이 순간 저별을 떠난 빛은 1100년 후 지상의 아름다운 어느 곳에서 또 누군가의 눈과 만날 것이다. 끝없는 은하계 속의 무수한 별들 속에서 지구는 한낱 조그만 돌멩이에 불구하고 인간이라는 존재 역시도 세밀한 점 하나만 못한데, 우리들은 알량한 지식과 명예와 재산을 가지고 마치 우주를 다 가진 듯 겁 없이 큰소리치고 잘난 척하며 살아간다. 영겁의 시간에 비하면 인간의 한평생인 칠, 팔십은 찰나에 불과하다. 좋은 마음과 착한 생각을 가지고, 좋은 말과 착한 일만 하고 살기에도 아까운 시간이다. 그런데도 우리들은 서로 미워하고, 시기하고, 불신하고, 배신하며 등 돌리고 헤어져 산다. 그리워하고 보고 싶은 사람들에게 미처 전하지 못한 말들은 또 얼마나 많은가. 보내지 못한 말들을 아쉬움으로 남긴 채 헤어진 인연은 또 얼마나 많은가. 그 아쉬움과 그리움은 저 하늘 가득한 별이 되어 반짝이고 있다.

갑자기 어린 시절 가슴 설레며 읽었던 알퐁스 도데의 〈별〉과 함께 그 목동의 스테파네트 아가씨가 보고 싶다. 아름다운 유성이 한 줄기가 그들 머리 위를 같은 방향으로 스쳐 떨어지자, 스테파네트 아가씨는 나지막한 목소리로 묻는다. "저게 뭐지?" 목동은 대답한다. "천국으로 들어가는 영혼이지요" 〈별〉에는 이 세상의 혼탁함도 타락도 위선도 없다. 오직 천상과 지상, 별과 인간을 대비시키는 청순하고 아름다운 세계만이 있을 뿐이다. 별빛이 쏟아지는 뤼르봉 산에서 머리를 뒤로 젖히며 천진하게 웃는 스테파네트 아가씨와 순진한 양치기의 짧은 사랑은 기나긴 여운을 남긴다. 양치기는 7년 만에 한 번씩 결혼한다는 '목동의 별' 이야기를 꺼내며 은근슬쩍 자신의 감정을 표현한다. 그러나 목동의 마음을 아는지 모르는지 아가씨는 목동의 어깨에 기대어 잠이 든다. 그들 주위로는 총총한 별들이 헤아릴 수 없이 많은 양떼처럼 고분고분하게 그들만의 운행을 계속하고…

초록빛이 반짝이는 어두운 하늘과 긴 그림자를 드리운 암흑의 명사산에는 총총한 별들이 명주실처럼 이어질 듯 잘리어 흩어져 있다. 아득한 별자리들을 헤아리려 하지만 별들은 모였다가 이내 흩어지곤 한다. 별들은 흩어지지 않기 위해 온몸을 떨며 서로를 힘차게 끌어당기고 있는 것 같이 보인다. 하나의 의미를 위해 저렇게 손 놓을 수 없는 간절함으로 제자리에 서서 버티는 별. 새삼스레 나의 별자리를 이루는 얼굴들을 하나하나 떠올려 본다. '너' 는 나에게 어떤 의미를 주며 내 곁에서 명멸하다 사라졌는가. 또 나는 '너' 에게 어떤 의미로 존재했던가. 아니 몇 번이고 윤회를 거듭하며 '너' 를 만나려 했으나 번번이 어긋나고, 또 만나고서도 서로를 알아보지 못했던가. 참 사랑은 언제나 이렇듯 쉬운 만남을 이루지 못하고 서럽고 불운한가. 왜 꿈에 그리는 '너'

는 내 앞에 나타날 듯 번번이 먼 길을 돌아가 버리고 마는가. 어느 시인은 우리인생에서 엇갈려 놓쳐버린 인연을 이렇게 노래한다.

…내 한때 곳집 앞 도라지꽃으로
피었다 진 적이 있었는데,
그대는 번번이 먼 길을 빙 돌아다녀서
보여주지 못했습니다. 내 사랑!
쇠북 소리 들리는 보은군 내속리면
어느 마을이었습니다.

또 한 생애엔,
낙타를 타고 장사를 나갔는데, 세상에!
그대가 옆방에 든 줄도
모르고 잤습니다.
명사산 달빛 곱던,
돈황여관에서의 일이었습니다.

–윤제림, 〈사랑을 놓치다〉 전문

하늘의 모든 별들은 침묵의 연주를 하고 있는 듯하다. 처음에는 한두 개의 별들이 조용히 연주를 하는 듯 하다가 마침내 모든 별들이 일

제히 연주를 시작한다. 별들의 연주와 함께 시간은 어느덧 새벽을 향하고 있다. 아득한 원시시대 이래로 삶의 여정이라는 것은 날 저물면 어딘가 천막을 치고 또 날 밝는 아침이면 천막을 거두어 어디론가 새로운 길을 떠나야 하는 것이다. 사막에서는 모래 폭풍이 불어오면 몸을 사리고 기다리다가 바람이 잠잠해지면 다시 어디론가 제 갈 길을 향해 떠나야 하다. 사막 위를 걷고 있으면 사각거리는 모래 소리와 낙타 목에서 흔들리는 방울의 울림이 함께 조화를 이룬다. 인생이 그렇듯 일용할 양식과 며칠간의 휴식을 얻는다면 하룻밤 노숙이 뭐 그리 문제가 되겠는가. 내가 머무는 곳이 사막이라면 저 하늘이 내 집 천장이며 이 모래 구릉이 곧 내 세계다. 돈황 산장의 밤은 깊어가도 나는 여전히 잠을 못 이루고 있었다.

명사산은 울지 않는다.

늦은 아침에 눈을 뜨니 명사산 사이로 태양이 떠오르고 있다. 돈황산장 식당에서 제법 거창한 아침식사를 마치고 명사산에 오른다. 옛사람들은 목숨을 걸고 명사산을 넘어 왔을터이지만 우리는 문명의 이기를 이용해 편리하게 명사산에 이르렀고 지금은 이 산에 올라 자연의 아름다움을 만끽하고 있다.

돈황산장에서 명사산까지는 택시로 5분도 걸리지 않는 거리에 있다. 밤늦은 시간에 돈황산장에 도착한 사람은 명사산이 이렇게 가까운 거리에 있는 줄도 모른 채 지냈다가 다음날 날이 밝은 다음에야 명사산이 가까이 있다는 사실을 알고 놀라게 된다. 명사산은 신사산神沙山, 사각산四角山이라고도 불리워지는데, 강한 바람이 불기 시작하면 모래산은 거대한 소리를 낸다. 가벼운 바람이 불어도 귀 기울이면 마치 현악기를 연주하는 듯한 소리를 들을 수 있다. 또 바람이 거세게 불면 모래알들이 흘러내리거나 날리면서 수많은 병사들이 두드리는 북소리와 나팔소리를 내기도 한다. 이러한 특징을 따서 鳴(울 명), 沙(모래 사), 명사산이라 이름이 붙게 되었다. 산 정상에서 미끄러지듯 내려오다 보면 발아래에서 사각거리는 모래들의 소리를 들을 수 있다. 인간을 둘러싸고 있는 온갖 위선과 증오와 원망과는 달리 거대한 모래산인 명사산은 바람결에 울부짖으면서도 원망과 증오는커녕 천년세월을 묵묵히 견디며 돈황과 애환을 함께 하고 있다. 명사산이 그러할진대 하물며 명사산과 함께 사는 사람들의 마음은 어떠할까.

남북 20km 동서가 약 40km에 이르는 이 거대한 모래산은 모래 결이 희고 가는 정도가 믿기 어려울 정도다. 부드러운 모래가 적절히 솟고 어울러져 산의 형세는 흡사 매혹적인 여인의 허리선이나 봉긋한 젖가슴을 연상시킬 정도이다. 그 유연함이나 풍만함이 보는 사람들의 넋을 앗아갈 정도로 절묘한 아름다움을 연출하고 있다. 그러나 이렇게 아

름다운 모습도 하룻밤만 지나고 나면 언제 그러했느냐는 듯이 새로운 모습을 드러낸다. 깃털과 같이 연약하고 여인의 살결같이 부드러운 모습을 보이던 명사산의 모래결은 밤사이 거친 모래바람이 지나가고 나면 전혀 다른 모습으로 나타난다. 부드럽고 아름다운 모래의 형체는 사라지고 코끼리나 공룡의 발자국 같이 깊고 넓은 구릉을 만들기도 한다. 명사산은 시간에 따라 각각 다른 모습을 자아낸다. 특히 산 위에서 바라보는 일몰의 풍경은 과히 천하 절경이다. 이 일몰에는 아름다운 모래 소리를 들을 수 있을 뿐 아니라 인체와 모래의 마찰로 일어나는 모래불꽃도 볼 수 있다.

입구에 들어서니 입장료가 80원이다. 중국 관광지 치고는 아주 비싼 가격이다. 정문을 들어서면 바로 명사산이 보이는데, 그냥은 못 들어가고 반드시 낙타를 타고 가게끔 낙타꾼들이 기다리고 있다. 물론 낙타를 타는 것도 별도 비용 30원이 든다. 실제로 낙타를 타는 것은 100m 남짓이고, 다시 명사산까지 100m 정도는 걸어야 한다. 낙타는 나중에 돌아올 때 다시 탈 수 있다. 낙타를 내려 한참을 걸어가 명사산에 도착한다. 정상까지 올라가서 모래산을 구경하고, 다시 중간쯤 내려와서 모래썰매를 타고 내려온다. 물론 모래썰매를 타는데도 별도의 비용 20원이 든다. 결국 명사산에서만 130원 정도의 돈이 추가로 들게 된다. 우리에게야 1만5천원 정도이지만, 중국인들에게는 만만찮은 가치의 돈이다.

낙타에서 내려 모래 언덕을 걸어올라 간다. 가파른 모래 언덕에는 사다리가 놓여져 있다. 올라가서 멋진 광경을 보고 싶지만 정상까지 약 200m 거리는 60도의 급한 경사다. 하필 지난 가을 산행에서 다친 다리가 불편해서 망설이다가 여기까지 와서 올라가지 않으면 후회가 될 것 같아 용감하게 돌진했다. 아픈 다리를 끌고 오르다 보니 한참을 올랐는데도, 아직 중간이다. 모래 속에 발목은 더욱 깊이 빠져들고 간신히 모래산 정상에 오른다. 아파서 후들거리는 다리는 꼭 남의 다리를 달고 있는 기분이다. 명사산 정상에서 보는 광경은 또 다른 멋이 있다. 정상에서 보는 사막 산의 곡선은 마치 서정적인 선율을 그려놓은 듯 아름답게 보인다. 모래바람이 갈기를 세우는 명사산 정상에 엎드려 생각해보니, 삶이란 있는 힘 다해 정상에 올라 지친 땀을 씻으며 걸어온 길을 되돌아보는 일이 아닐까하는 생각을 해본다.

명사산이 이제는 울음을 울지 않는다. 명사산의 소리는 사라졌다. 어쩌면 더 높고 아름다운 소리를 위해 조용히 모래 성대들을 가다듬으며 침묵하고 있는 것은 아닐까. 모래 사막의 기나긴 여정에 지쳐 죽어간 영혼들이 밤마다 한 맺힌 울음들을 들고 와, 산은 그것들을 삭히느라 침묵하고 있는 것이 아닐까. 인간의 백팔번뇌와 지난 밤 어둔 생각들을 안은 돈황의 거대한 모래산은 하루아침에 사라지기도 한다. 그러나 명사산 모래벌판은 저 멀리 춤추듯 일렁이며 저기에 있다. 밤하늘의 은하수처럼 흩날리는 모래알, 석양을 뒤따르며 보라색으로 물든 모래 언덕, 명사산은 내 눈앞에 아득히 펼쳐져 있다.

명사산 정상에서 대나무 썰매를 타고 내려온다. 모래산을 오르느라 무리하여 후들거리는 다리로 월아천으로 간다. 월아천은 초생달 모양의 작은 오아시스로서 남북의 길이가 약 100m, 폭이 25m 정도다. 서쪽에서 동쪽으로 갈수록 수심이 깊고, 제일 깊은 곳은 5m 정도인데, 물색이 맑고 파래 거울을 보는 것과 같다. 이곳의 물은 돈황 남쪽에 위치한 곤륜산맥의 눈 녹은 물이 지하로 흘러들어 저지대인 이곳에서 다시 솟아나는 것이라 한다. 광풍이 불어도 이곳만큼은 좀체 모래에 덮이지 않아 기이하게 여겨졌고, 예로부터 이곳에서 자생하는 칠성초와 같은

풀은 평생 시들지 않아 월아천은 '만천萬泉' 이라 불리기도 했다. 모래산에 둘러싸여 수천 년 동안 고이 보존된 월아천은 좀처럼 볼 수 없는 절경이다. 이 물은 3,000년간 마른 적이 없다고 한다. 이렇듯 아름다운 월아천에는 전설이 전해져 온다. 오래 전 옛날, 돈황이 갑자기 황량한 사막으로 변하자 어여쁜 선녀가 슬퍼하며 눈물을 흘렸고, 이 눈물이 샘을 이루었다. 또 후에 선녀가 샘 안에 초생달을 던져 빛을 찾게 했다는 것이다. 겨울에는 물이 얼어붙어 사막의 색다른 볼거리를 제공하고 있다.

월아천 위의 언덕에는 사찰로 사용되었다던 월천각이 있는데, 문화혁명 때 사찰은 불타고 월천각만 남았다. 사막에 달이 뜨면 수면 위를 환히 밝힌다는 월아천, 유목민의 반달형 칼집같이 유려한 타원형의 월아천은 사막의 갈증을 해결해주는 오아시스이다. 초생달 모양의 월아천에 아침 태양이 비춰지면 오아시스는 더욱 찬란히 빛난다.

사막에서 가장 높은 곳, 막고굴

아침식사를 일찍 마치고 막고굴로 향한다. 막고굴은 낙양의 용문석굴, 대동의 운강석굴과 함께 중국 3대 석굴 중의 하나이며, 세계문화유산이다. 막고굴이라는 이름에는 세 가지의 유래가 있는데, 첫째는 막

고산에 있어서 막고굴이라 했고, 둘째는 많은 수행승들이 굴을 파고 수행을 했지만 처음 굴을 파고 수행한 낙준樂樽이라는 수행승이 도를 넘지 못해서 막고굴이라 했고, 셋째는 더 이상 오를 수 없어 막고굴이라 했다고 한다. 아무튼 막고굴의 가장 유력한 유래는 승려 낙준에 관련된 것이 가장 정설로 알려져 있다.

동진 시대인 366년, 승려 낙준은 황량한 싼웨이산에서 기이한 금빛이 퍼지는 것을 보고 이곳에 굴을 파고 불상을 세워 성지로 만들 것을 결심했는데, 이것이 바로 막고굴의 시작이었다. 막고굴의 이야기가 사람들에게 전해지면서 많은 불교 신자들이 모여 들어 이곳에 석굴을 만들기 시작했다. 수, 당, 5대10국과 송, 서하, 원나라를 거치면서 많은 석굴이 제작되었다. 12세기에 이르러 바닷길을 통해 무역이 이루어지자 실크로드는 더 이상 무역로로서 가치를 잃게 되었다. 그와 함께 돈황의 가치도 떨어져 단지 사막의 오아시스 마을로 인식되었고, 막고굴은 그 존재마저 희미해졌다. 그렇게 방치 된 채 오랜 시간이 지난 1900년, 도교 도사인 왕원록의 관리 하에 간신히 유지되고 있던 막고굴에서 엄청난 양의 문화재가 쏟아져 나왔다. 특히 16번 굴의 안쪽에 숨겨져 있던 17번 굴이 발견되었는데, 여기서 황제의 칙령, 불교 경전, 고대 기독교 일파의 경전, 인도의 경전, 마니교의 기도문집 등 엄청난 문화적 가치를 지닌 것들이 쏟아졌다. 소문은 곧 중국 전역으로 퍼져 나가 중국 문화재를 탐내던 서양인들의 귀에까지 들어갔다. 막고굴의 문화재적 가치를 이해하지 못했던 왕원록은 동전 몇 닢에 엄청난 문화재를 송두리째 팔아버렸고, 프랑스 · 미국 · 일본인들에게도 중요한 문서와 불상, 벽화들을 뜯어내어 팔았다.

'사막에서 더 이상 오를 데 없이 가장 높은 곳' 이란 의미의 막고莫高굴 앞에 섰다. 막고굴은 돈황 시내에서 남동쪽으로 25km 떨어진 명사산과 싼웨이산이 교차하는 부분에 있다. 석굴은 총 108km의 절벽을 따라 이어지고 있다. 1000개가 넘는 석굴이 있어서 천불동으로도 불리

우는 막고굴은 긴 세월이 흐르는 동안 자연적인 붕괴와 인간들의 무지한 파괴에 의해 현재 492개 동굴만이 남아 있다. 이 492개의 동굴은 수나라 이전의 것이 120개, 수나라 때 것이 140개, 당나라 때 것이 111개, 오나라 때 것이 7개, 그리고 송나라와 원나라 때 것이 35개다. 동굴 안에 남은 유물은 불상이 2415여개, 벽화가 4만 5000km에 이른다. 막고굴은 내부를 들여다볼수록 인간의 무한한 힘과 한계를 생각하게 된다. 어떻게 이 같은 불상과 벽화들이 그 옛날 여러 왕조를 거치면서 만들어졌는가 하는 의문을 가지게 된다. 한 사람의 솜씨처럼 굴 안의 벽화는 한결 같이 정교하고, 채색은 광석염료를 사용해서 아름답고 선명하다. 굴 안은 빛이 들어가지 않도록 등불도 밝혀두지 않는다. 빛 때문에 광석염료가 산화되어서 모든 색채가 검정색으로 변한 곳도 있다. 사람들이 관람할 때에만 잠깐씩 손전등을 비추어준다. 앞으로는 빛에 의해 산

화되는 것을 막기 위해 중요한 굴은 관람을 시키지 않을 것이라 한다. 각 굴 입구에 철제문을 해 달고 자물쇠를 채운 것이 눈에 거슬린다. 기왕이면 굴과 조화를 이루는 문을 해 달았으면 하는 아쉬움이 남는다. 손전등을 비추며 살펴보는 석굴 내부는 놀랍다. 비록 사용된 물감은 세월의 흐름과 함께 퇴색했지만 석가모니의 일생, 경전 내용, 그리고 각종 불상의 정교함과 구도는 그대로 살아 꿈틀대고 있다. 막고굴에 남겨진 예술 작품의 내용을 보면 초기에는 민간 신화가 많았지만, 점차 불교와 관련된 내용이 주를 이루고 있어 다양해진 불상들의 표정과 자세는 보는 이들의 감탄을 자아내기에 충분하다.

우리가 흔히 사진에서 보는 막고굴의 9층 누각은 96굴로 695년에 만들어졌다. 이곳에는 높이 34.5m가 되는 미륵대불이 있는데, 이것을 흔히 북대불北大佛이라고 하며, 측천무후가 조성했다고 한다. 정확한 사실여부는 확인할 길 없으나 전반적인 체형, 가슴, 얼굴 윤곽이 측천무후를 거의 그대로 닮았다고 한다. 어쨌든 1908년경의 사진에서는 5층밖에 보이지 않는데, 장기간 직사광선에 노출되어 보존상태가 극히 나빠졌다가 지역 유지들의 기부로 1936년에 현재의 9층으로 쌓아졌다. 이 대불은 세계 최대의 대불인 낙산대불(71m)에 이어 35.5m로 세계 3대 대불의 하나로 알려져 있다. 130굴의 대불도 높이 26m로 막고굴의 2대 석불 중의 하나이며, 두 석불 모두 미륵보살을 조각해 놓았다. 이 130굴은 96굴과 비교해 남쪽에 위치하고 있다고 하여 남대불南大佛이라 불린다.

석굴들 중에서 한국 관광객들의 관심을 가장 많이 끄는 것은 237굴이다. 당나라 때 만들어진 237석굴에는 토번왕의 결혼식에 참여한 왕자의 벽화가 나온다. 조우관을 쓰고 등장하는 인물은 신라의 왕자로 추정되는데, 당시 신라가 주변 국가의 의전에 사자를 파견하여 친목 도모를 했음을 보여주는 대목이다. 신라의 첨성대에서도 알 수 있듯 별자리를 관찰한 벽화 등도 곳곳에서 신라의 흔적으로 보여 진다. 61굴에는 세계 최고, 최대의 오대산 형상지도가 나오며, 혜초스님이 열반했다는 오대산 어느 장소의 흔적을 찾는 데 중요한 단서를 제공하고 있다. 148굴과 158굴은 모두 와불인데, 148굴의 와불 뒤에 있는 부처 제자들의 수가 72명이라는 사실은 유교의 영향이다. 불교의 숫자는 108인데, 제

敦煌菩薩
唐 七十一窟
敦煌

자의 수를 72명으로 제한한 것은 유교의 영향이라 볼 수 있다. 제328굴은 가장 멋진 불상이라고 평가되는 불상이다. 중앙의 석가상을 중심으로 좌로 아난존자가, 우로 마하가섭이 지키고 있다. 아름답기로 손꼽자면 45굴의 석상 또한 빼놓을 수 없다. 중요한 석굴들을 열 두어 곳 둘러보고 난 뒤에도 아쉬워 가이드에게 추가요금을 지불하고 10여 곳의 석굴을 더 둘러보았다.

막고굴의 벽화와 조각 같은 찬란한 문화가 꽃피울 수 있었고 오랜 시간을 두고 지속될 수 있었던 것은 서양의 르네상스와 마찬가지로 막대한 자금력을 가진 후원자들. 즉 대상들이 있었기 때문인지도 모른다. 피렌체(Firenze)에 메디치가문의 부와 영광이 없었다면 위대한 르네상스의 발상이 가능했을까. 높이 30여m에 이르는 불상은 대상들이 이곳을 지나며 만나 하룻밤을 지낸 여인에게 지불했던 수천 필의 비단과 수백 마리의 낙타에 의해 만들어 졌다는 이야기가 단순히 허풍만이 아닐 것이라는 생각이 든다.

그러나 막고굴에 이루어진 찬란한 문화가 아무리 위대하다고 하더라도 처음 방문 때는 불상의 크기나 벽화의 가짓수에 놀라지만 다시 한 번 냉정한 눈으로 보면 감회가 달라진다. 막고굴의 불상들이 과연 우리나라 경주의 불상들, 특히 석굴암의 불상보다 우수하다고 할 수 있을까. 엄청난 양과 규모의 벽화는 그렇다고 하더라도 막고굴의 대부분 불상은 흙 위에 석회를 입히고 색을 칠한 소조塑造로서 화강암에 직접 조각한 우리 경주의 불상들에 비해 예술성이 떨어진다고 하지 않을 수 없다. 수는 많지만 어느 굴의 불상도 석굴암의 불상에 견줄만한 것이 없다. 또한 아무리 거대하다고 하지만 막고굴 자체도 산 전체가 자연과의 절묘한 조화를 이루고 있는 경주 남산과 비교가 안 된다. 온 산이 천년 신라 부처님 세상으로 만들어 놓은 남산에 비하면 막고굴은 그 규모에 있어 비할 바 못된다. 앞으로 우리가 노력하기에 따라서는 경주 남산은 실크로드의 비장의 보고로 여겨지는 막고굴 못지않게 세상사람들의 주목을 받을 수 있을 것이다.

종일 막고굴의 이곳저곳을 아픈 다리로 오르락내리락 하다 보니, 안내하던 한족 가이드와 함께 다 같이 파김치가 된다. 그래도 지친 몸을 달래며 마지막으로 막고굴 박물관에 간다. 중앙에 당나라 고승 '홍변' 의 좌상 그림이 있고, 오른쪽으로는 막고굴을 약탈한 영국, 독일, 러시아, 일본 등의 발굴자들이 소개되고 있다. 가이드는 이들을 "도둑놈들" 이라 하면서 열을 내며 소개한다. 여기에는 돈황학의 아버지라고 할 수 있는 영국인 오렐 스타인(Marc Aurel Stein, 1862~1943)을 비롯해 혜초의 왕오천축국전을 프랑스 파리로 가져가면서 장경동의 유물을 싹쓸이 했던 프랑스인 폴 펠리오(Paul Pelliot), 왕오천축국전이 당나라의 서적이 아니라 신라고승 혜초의 저작임을 밝힌 일본인 오타니 고즈이도 들어 있다. 독일로 옮겨진 유물은 2차 대전 중 폭격으로 잿더미가 되었지만, 나머지 나라에서 가져간 유물들은 비교적 잘 보전되고 있다. 외국인에 의해 파괴된 문화재보다는 중국의 문화혁명 때 소실된 문화재가 더 많다는 사실을 아는 외국인들은 "모래바람에 사라지거나 문화혁명 때 사라졌을 것을 미리 구해 주었다"라고 당당하게 항변한다. 중국 정부는 1945년에야 돈황연구소를 설립하고 돈황의 주요 문화유물들을 보존하고자 했으나 이미 주요 문화재들은 서구의 각 나라로 갈기갈기 찢기어 유출되고 난 뒤였다. 그러나 어찌하겠는가. 천여 년이란 세월의 풍상과 그 속에서 명멸하던 인간의 욕망이 우리로 하여금 돈황에 만들어 놓은 위대한 문화유산을 온전하게 볼 수 없게 만들어 놓았으니 말이다. 아마도 혜초가 그렇게 심혈을 기울여 만든 〈왕오천축국전〉이 온존하게 보전되지 못하고 실크로드의 바람결에 떠돌아다니다가 코쟁이 외국인에 의해 몰래 바다건너로 밀반출되는 기구한 신세가 되었다는 것을 안다면 얼마나 슬퍼하겠는가. 그러나 수천 년 동안이나 동서양을 연결해주던 실크로드는 그 수명을 다하고 사라졌다 해도 폐허 속에서 새벽 여명같이 찬연하게 남아있는 문화사적 빛은 여전하다. 아니 시간이 흐를수록 저 막고굴 속에 은밀히 남아있는 예술품은 더 밝은 빛을 발할 것이다. 저 예술품들을 만든 주인들은 실크로드의 외로운 영혼이 되어 사막 속을 헤매고 다닌다고 할지라도…

춤추는 비천상

돈황 시내는 규모가 작기 때문에 하루만 하면 비천상을 중심으로 사주시장과 박물관, 그리고 볼거리라고는 덜렁 탑 하나만 있는 백마탑을 다 볼 수가 있다. 비천상은 시내 한가운데 위치한 로타리에 돈황의 상징물처럼 서 있다. 바람결에 하늘대는 천의天衣, 악기를 들거나 꽃을 든 여인의 모습으로 표현되는 비천상은 원래 하늘에 살면서 하계 사람과 왕래한다는 여자 선인仙人을 말한다. 또한 비천상은 하늘을 날며, 부처님을 찬탄하는 노래를 부르고 꽃을 뿌리고 악기를 연주하는 음악의 신이기도 하다. 중국에서 동방계의 비천 무늬가 나타나게 되는 것은 북위시대北魏時代부터이다. 주악비천상은 비천이 춤을 추거나 악기를 연주하고 있는 모습을 말하는데, 돈황의 비천상은 동아시아 여러 지역에 흩어져 있는 비천상의 모태이다. 비천상 근처에서는 많은 관광객들이 여기저기서 달려오는 자동차를 피해가며 사진을 찍어 댄다.

비천상의 길 건너편으로 돈황박물관이 있다. 돈황민속박물관 내부는 잘 정비된 박물관이란 느낌보다 그저 전시장이라는 느낌이 드는 정도의 엉성한 배치를 하고 있다. 입구에는 소와 목동이 맞아주는데 어딘지 모르게 촌스러운 것이 오히려 정감이 간다. 내부는 각 층별로 중국의 민속역사를 보여주는 유물들이 정돈되어있고, 성인들의 초상화와 더불어 근대의 결혼 풍속도를 마네킹으로 만들어서 전시를 해 두었다. 문화도시 돈황의 명성과 달리 박물관은 빈약하기 짝이 없지만 입장료가 공짜라 그런대로 볼만하다.

비천상에서 양관동로 쪽으로 약 30m만 걸어가면 사주시장이 나온다. 길 건너의 기념품점을 이곳저곳 기웃거리며 사주 시장에 도착한다. 실크로드의 전체 여정에서 기념품을 살 만한 곳이 많지 않으므로 시장 깊숙한 곳에 자리한 골동품 가게에서 막고굴의 벽화 탁본을 몇 장 산다. 비천상, 그리고 양관으로 여행을 떠나는 대상의 모습이 잘 그려진 그림도 산다. 중국의 어디나 마찬가지로 여기서도 장사들이 부르는 값의 약 50% 정도를 깍는다. 시장이 그리 크지 않아서 한 시간 이내 금방 다 둘러 볼 수 있다.

옥문관과
양관을 넘어서

돈황의 시작이자, 천산북로가 시작되는 양관! 봄바람도 지나가지 못하고, 임금님의 말씀도 전해지지 못한다는 양관! 그동안 얼마나 많은 사람들이 이곳을 통과하며 일확천금을 꿈꾸거나 구도의 길을 떠나갔을까. 전망대에 올라보니 오른편에는 봉황대가 무심히 서있다. 그 옛날 길 떠나는 나그네들을 비추어 주며 그들의 슬픈 마음을 달래주던 봉황대는 지금까지 남아 이역만리에서 달려온 나그네를 쓸쓸히 내려다보고 있다.

옥문관에 서서

옥문관과 양관을 보기 위해 고비사막을 달려왔다. 고비사막은 약 120km정도의 길이를 가지고 있다. '고비'는 돌과 자갈을 뜻하는 것이라고 하는데, 그 의미대로 돌과 자갈과 끝없이 넓은 모래밭과 모래산이 펼쳐진다. 고운 모래산도 있고 조금 붉은 빛을 띤 바위산, 검은빛을 띤 바위산도 있다. 바람에 쌓인 모래가 오랜 시간이 지나면서 굳어져 모래산이 되고, 또 다시 시간이 지나면서 산화되기 시작하여 붉은 바위산이 되고, 더 오랜 시간이 지나면 검정 바위산이 된다. 검정 바위산 위에는 만년설이 있다. 기온의 차이가 워낙 심하기 때문에 쌓인 눈은 녹지 않고 만년설이 된다. 한 낮 사막의 기온은 햇빛에 계란이 익을 정도로 뜨겁고, 밤에는 온도가 영하20도 이하로 급격히 떨어진다. 따가운 햇볕을 받으며 힘겹게 사막을 지나는 옛사람들의 모습이 만년설을 배경으로 한 폭의 그림이 되어 차창으로 다가오곤 하는 환상에 빠져있을 즈음 자동차는 옥문관에 닿는다.

옛날 돈황에서 서역으로 가는 길은 두 갈래가 있었다. 북쪽 길을 지키는 관문이 옥문관이라면 남쪽 길을 지키는 관문은 양관이다. 옥문관에서 양관으로 가려면 다시 고비사막의 들판을 건너가야 한다. 황량한 옥문관, 그 옛날 사람들이 드나들었던 관문인 토성만이 덩그러니 서있고,

멀리 성곽의 잔해가 남아있을 뿐 아무것도 없다. 한나라 때 서역 경영의 최전선이었던 옥문관 자리에 지금은 높이 7.5m, 동서 245m, 남북 26m 네모꼴모양의 토성만이 남아있다. 기록에 의하면 돈황에서 파견된 옥문도위玉門都尉 아래 국경경비병들이 이 변경을 지켰고, '옥문관' 이란 이름은 호탕의 명산 구슬이 여기를 거쳐 중국으로 들어갔기 때문이다. 사람들은 저마다 돈황에서 두 시간씩이나 걸려 여기까지 무엇을 보러 왔는가 하고 불만을 터뜨린다. 마음으로 보이지 않는 것은 눈에도 보이지 않는다. 사람들은 '거울' 에 비추어진 모습만이 실제의 모습인 것으로 알지만 회상과 기억의 '창' 에 비추어진 모습도 볼 수 있어야 현재와 과거를 동시에 볼 수 있지 않겠는가. 사람들은 불만을 드러내지만 내 눈에는 그 옛날 낙타와 말을 타고 천산북로로 향하던 사람들의 모습이 훤히 보인다. 저들은 구도를 위해 혹은 자신들의 부와 영화를 위해 세월의 풍랑을 헤치고 옥문관을 통과해서 저 머나먼 실크로드로의 길을 떠난 것이리라.

이미 이야기 했듯이, 실크로드라는 이름은 19세기에 와서 리히트호펜에 의해 쓰여 지기 시작한 것이지만, 동서를 잇는 통일된 교역로가 하나만 있었던 것은 아니다. 실크로드 이전에도 이미 중앙아시아를 관통하는 몇 개의 길들이 개척되어 있었고, 이 통로들은 독립된 오아시스 도시들을 연결하고 있었다. 또한 실크로드는 실크만을 위한 교역로가 아니었다. 중국에서 서쪽으로 가는 상인들은 실크 이외에도 털가죽, 도자기, 옥, 청동기 등을 가져갔고, 서역에서 중국으로 향하는 상인들은 귀금속, 상아 등 중국에 없는 진귀한 것들을 가지고 왔다. 중국과 유럽의 장사꾼들이 교역한 물건들은 상당히 비싼 값으로 유통되었다. 동서를 잇는 교역로가 개척되어 상인들의 교류가 활발해지자 이를 노리는 도적들의 횡포도 빈번해 졌다. 초기의 상인들은 이들 도적들에 대한 방비책을 스스로 마련해야 했으며, 교역의 발전에 커다란 장애가 되었다. 한나라는 이러한 도적 떼들로부터 상권商圈을 보호하고 국경의 안정을 도모하기 위해 교역로 주변에 성곽 도시들을 개척하게 된다. 옥문관이나 가욕관과 같은 관문들이 이러한 목적으로 건설된 것들이다.

> 고비는 오천리五千里 사방四方이 돌밭이다. 월씨月氏가 망亡할 때, 바람 기둥이 어디선가 돌들을 하늘로 날렸다. 돌들은 천년千年만에 하늘에서 모래가 되어 내리더니, 산 하나를 만들고 백년百年에 한 번씩 그들의 울음을 울었다. 옥문玉門을 벗어나면서 멀리 멀리 삼장법사三藏法師 현장玄奘도 들었으리.
>
> –김춘수, 〈누란樓蘭〉 부분

김춘수시인이 〈누란〉에서 노래하듯, 고비는 오천리 사방이 돌밭이고, 모래이고, 울음이다. 그리고 먼 길 떠나던 삼장법사도 그 울음소리를 들었다.

봄바람도 지나지 못하는 양관

옥문관에서 고비사막을 넘어 양관으로 간다. 돈황에서 옥문관으로 가는 길은 포장된 도로라도 있었지만 옥문관에서 양관으로 가는 사막의 들판은 덜컹대는 흙길이었다. 양관으로 달리는 외길에는 자동차가 일으키는 먼지바람만 흩날리고 있었다. 먼지 속을 달리는 자동차와 함께 시간은 죽은 듯이 고요하게 흘러가고 있었다. 옥문관을 떠나 달려온 시간은 불과 한시간 남짓했지만, 잊혀진 세월을 회복하겠다는 듯이 관념의 시간은 길게만 느껴졌다.

들판 너머로 오아시스가 나타나기 시작한다. 가까이 갈수록 오아시스는 눈앞에서 넓게 전개된다. 아득한 바다에 크고 작은 섬들이 떠있

듯이 끝없이 펼쳐진 사막에도 크고 작은 오아시스란 섬이 있다. 사막과 바다는 서로 닮았다. 바다에서는 돛을 단 무역선들이 섬과 섬 사이를 항해하며 먼 바다로 나아가지만, 사막에서는 낙타를 탄 상인들이 이 오아시스에서 저 오아시스를 지나 먼 나라로 여행을 하는 것이다. 오아시스 안으로 들어서니 사막의 들판과는 완전히 다른 경관이 나타난다. 길가에는 가로수가 빽빽히 들어서 있고 도랑에는 물이 콸콸 흐르고 있다. 모든 것을 바싹 태워 없애버리고 마는 사막과는 달리 오아시스에는 어딘가에서 풍부한 물이 공급되고 있다. 이 물이 어디서 온 물인지 정확히 알 순 없지만 아마도 돈황 남쪽에 있다는 기련 산맥의 만년설이 녹은 물일 것이라고 동네사람들은 설명한다. 풍부한 물과 뜨거운 태양이 공급되는 탓인지 오아시스에는 나무도 하늘 높이 자라 있다. 사막의 외딴 섬 오아시스에는 생명들이 힘차게 요동치고 있다.

오아시스에 있는 식당에서 점심식사를 한다. 이 곳 식당들은 관광객들에게 특산물인 포도와 포도주를 제공하기도 한다. 포도는 이곳의 건조한 기후 때문에 유명한 작물이 되어 사막들판 곳곳에 벽돌집을 짓고 건포도를 말리는 작업을 하고 있다. 사막의 뜨거운 햇빛을 받아서인지 포도가 매우 달다. 운반의 문제가 있어서인지 대부분의 포도는 포도주를 빚거나 건포도를 만들어 내다 판다. 이곳 포도주는 서양의 와인과는 달리 달고 시원한 맛이 난다. 특히 둔황 근처에서는 목화가 특산물

로 꼽히는데, 스탈린 시대 소수민족 말살정책으로 연해주에서 강제이주 당한 고려인들이 중앙아시아 사막에서 수확해 낸 작물이 바로 목화이다. 우리 한국인들이 어디에선들 살아남지 못할까. 밟아도 다시 살아나는 잡초 같은 고려인들의 끈질긴 생명력과 적응력에 스탈린도 놀랐다 한다.

양관의 입구에는 유물들이 전시된 작은 박물관이 있다. 그 옛날 사람들이 다니던 길을 모형으로 만들어 놓았고, 이동수단이던 낙타와 말의 각종 도구들도 전시되어 있다. 더욱 흥미로운 것은 요즘의 여권에 해당하는 여행허가증이 옛날의 모습대로 전시되어 있다. 박물관을 잠시 둘러보고 타클라마칸 사막이 한눈에 내려다보이는 전망대로 달려

올라간다. 돈황의 시작이자, 천산북로가 시작되는 양관! 봄바람도 지나가지 못하고, 임금님의 말씀도 전해지지 못한다는 양관! 그동안 얼마나 많은 사람들이 이곳을 통과하며 일확천금을 꿈꾸거나 구도의 길을 떠나갔을까. 전망대에 올라보니 오른편에는 봉황대가 무심히 서있다. 그 옛날 길 떠나는 나그네들을 비추어 주며 그들의 슬픈 마음을 달래주던 봉황대는 지금까지 남아 이역만리에서 달려온 나그네를 쓸쓸히 내려다보고 있다.

전망대에서는 타클라마칸 사막이 한눈에 내려다보인다. 끝없이 아득하게 이어진 사막, 사방을 둘러보아도 풀 한 포기 새 한 마리 없고 인적조차 없는, 오로지 태양만이 작렬하고 있는 곳이다. 이곳에 올 때는

광막한 고비 사막의 들판을 가로질러 왔지만 이제 지평선 너머에는 아무 것도 보이지 않고 그야말로 뜨거운 죽음의 사막만이 있을 뿐이다. 옛날 현장법사가 천축으로 간 때 바로 저 양관을 너머 타클라마칸 사막을 거쳐 가야했다. 당시에도 이 길은 생명을 보장할 수 없는 길이기에, 죽음의 길이라고 불리어졌다. 지금과 달리 옛날의 양관은 바로 중국이란 나라의 끝이기도 했지만, 이승과 저승을 갈라놓는 갈림길이었던 셈이다. 지금은 옥문관이나 양관이나 모든 것이 허물어져 작은 폐허로만 남아있다. 폐허의 쓸쓸함과 시간의 허망함을 통해 사막은 우리에게 무엇을 말해주는가. 이러한 흙무더기조차 없다면 실크로드를 지나간 사람들의 흔적인들 찾을 수 있었을까.

그대 다시 못 보리

양관의 입구에는 당나라 시대의 유명한 시인 왕유의 기념탑이 세워져 있다. 왕유는 실크로드를 따라 먼 길을 떠나는 친구를 슬퍼하며 이별의 순간을 이렇게 노래한다.

> 위성 땅, 아침비와 잔 먼지가 내리니
> 주막집 버드나무는 더더욱 푸르구나

여보게 이 술잔 다 비우게나
서쪽 양관을 떠나면 그대 다시 못 보리.

-왕유, 〈송원이사안서送元二使安西〉 전문

일생을 살아가면서 우리는 얼마나 많은 사람과 만나고 헤어지는가. 우리들 인간의 삶은 끊임없는 만남과 헤어짐의 과정이라고 할 수 있다. 만남의 순간은 황홀하지만 헤어짐의 순간은 슬프다. 사람과의 만남은 역驛을 향해 바삐 갈 때 가로등 아래에서 갑자기 쏟아지는 빗줄기처럼 우연하게 다가온다. 만남이라는 것, 그 빗줄기를 만나는 우연과 같이 우리는 언제 어디서 어떤 사람을 만나고 헤어지게 될지 알 수 없

다. 만남과 헤어짐은 보이지 않는 인연의 연속이라 할 수 있다. 그리고 그 인연이 끝나면 다시 그 처음의 시작으로 되돌아가는 것인지 모른다. 여행길에서 잠시 스쳐가듯이 만나게 되는 사람들 대부분은 우리네 생生에서 단 한번 우연히 같은 시공간에 서 있던 사람들일 뿐, 다시 만날 수 없는 사람들이다. 이 넓고 적막한 사막을 스쳐 지나가는 한줄기 바람처럼 잠시 지나가는 사람들… 엊그제 버스 속에서 함께 탔던 위그르족 가족이 생각난다. 초라한 차림새의 중년 부부와 대여섯 살 정도의 남자 꼬마아이, 가족들은 모처럼 대처 나들이를 하고 돌아가는 모양이었다. 커다란 과자봉투를 껴안은 채 좋아 하는 모양새나 누런 이빨을 드러내며 웃는 모습이 바보스러울 만큼 순진해 보였다. 고비사막의 외길은 가도 가도 적막한데 어느 시골마을에서 차가 멈추었고 가족들이 내렸다. 길가의 허름한 오두막 속으로 그들은 들어갔다. 다시는 만날 일 없을 그 가족의 뒷모습을 바라보며 왠지 까닭 모를 슬픔이 솟아난다. 이 지상에서 유일하게 한번 만나 눈빛을 맞추고 사라져 가는 사람들, 저들을 언제 어디서 다시 만날 것인가.

그러나 우리들의 삶에서 이보다 더 중요하고 결정적인 만남이 얼마나 많은가. 삶의 행복과 불행도 모두 어찌 보면 끊임없는 만남의 과정에서 그 만남을 아름답게 승화시켰느냐 그러지 못하였느냐의 차이에 달려 있다고 할 수 있다. 제 각각 다른 인연과 우연에 의해 이루어진 만남으로 우리는 때로 천사가 되어 사랑을 나누고 때로는 악마가 되어 서로를 증오하며 살아가게 된다. 그러나 아무리 아름답고 황홀한 사랑이라 하더라도 아무리 처절하고 사악한 증오가 있다 하더라도 거기에는 필연적으로 헤어짐이 존재한다. 지고하고 아름답던 사랑도 언젠가는 상대에 대한 증오에 의해서 아니면 늙음과 죽음이 그 사랑을 갈라놓게 된다. 만남과 헤어짐은 언제나 공존한다. 그래서 우리는 만남이 있을 때마다 헤어짐을 준비해야 하고 헤어짐을 연습해야 한다. 만남에는 반드시 사람과의 만남만이 있는 것은 아니다. 돈황의 새벽길을 산책하다가 우연히 풀잎에 맺혀 있는 영롱한 이슬을 만나거나, 저 멀리 사막의 동쪽에서 일출이 장엄하게 이루어지는 것을 보게 되면 갑자기 삶이 거룩해지기까지 한다. 우리들 청춘의 아름다운 시체들을 가슴에 묻고 가듯이 그리움과 아쉬움도 모두 가슴에 묻고 가야 한다.

시인 왕유는 사랑하는 친구와의 헤어짐을 그리 슬퍼했지만, 옥문관과 양관에서의 만남과 헤어짐이 어찌 그 뿐이었을까? 만남과 헤어짐, 떠남과 돌아옴, 나는 지금 누구와 헤어지고, 또 누구와의 새로운 만남을 위해 어디로 가고 있는 것일까. 나그네의 비애를 아는 듯 양관의 서쪽 하늘에서는 태양이 이 지상의 사람들과의 작별을 아쉬워하듯 뉘엿뉘엿 지고 있다.

투루판의 붉은 노을

낙타의 운명은 슬프다. 낙타가 가는 길은 언제나 사막길이다. 인간의 한평생이라는 것이 부와 명예를 좇아 아웅다웅 살아도 한 뼘 족적을 남기는 것에 불과하듯, 낙타는 걷고 걸어도 저 넓고 아득한 사막의 한 귀퉁이를 달릴 뿐이다.

험난한 사막 길에서 그들이 운 좋게 얻어먹을 수 있는 낙타풀이라는 것도 온통 가시투성이어서 한웅큼 씹으면 입안은 온통 피투성이가 된다. 낙타는 제 등 위의 육봉을 업보業報로 짊어진 채 사막 길을 터벅터벅 걸어간다. 뛰어봤자 또 다른 사막일 뿐이다.

불타는 화염산火焰山

돈황 역을 출발해서 거의 하루를 꼬박 달린 열차는 새벽 6시가 조금 지나 투루판 역에 도착한다. 간밤 열차 안에서 마신 술이 아직 덜 깬 상태인데 열차가 투루판 역에 도착하며 흘러나오는 실크로드의 전통음악이 감미롭다. 화장실에 들렀지만 사람들이 줄을 서있어 세수도 포기하고 곧장 역사를 빠져 나온다. 많은 사람들 중에는 한국인 단체 관광객들이 요란을 떨고 있다. 외국 땅 어딜 가나 중국인들이 안하무인으로 시끄럽게 주변사람들의 시선을 끄는 것이 보통인데 요즘은 한국인들이 그에 뒤지지 않는다. 주변 시선에 아랑곳없이 소란을 피워 창피했던 적이 한두 번이 아니다.

투루판역에서 시내까지는 1시간이 소요된다. 7시 40분에 역을 출발하여 시내의 호텔에 도착하니 거의 8시 40분이다. 비수기라 호텔을 예약을 할 필요가 없기 때문에 바로 방을 잡을 수 있었다. 호텔은 3성급의 투루판 빈관, 비수기 치고 좀 비싸긴 했지만 시내 중심가에 위치해 있어, 여러 가지로 편리할 듯하다. 열쇠를 받아 방에 짐을 올려두고 바로 식당으로 가서 아침 식사를 한다. 서안에서 돈황을 거치는 동안 마주치는 사람들이 대부분 한족들이었지만, 신장자치구에 속한 투루판부터는 위구르족이 대부분이다. 식당에서 일하는 사람들도 대부분 위구르족인데, 위구르 지역의 독특한 향신료 냄새가 몹시 거슬린다.

투루판이라는 지명은 15, 16세기에 이 분지에서 세력을 떨쳤던 투르판국과 그 도성의 이름에서 유래했다. 투루판에서는 목화, 포도 등이 많이 나서 포도주의 생산지로 유명하고, 여러 시대에 걸친 도성유적을 비롯하여 고분군 등의 사적이 많다. 여름이 너무 더워 '화주' 라고도 불리웠다. 오아시스 도시이기 때문에 규모가 크지 않아 한나절 정도 걷다 보면 도시 전체를 볼 수 있고, 거리에는 자동차보다 양이 더 많이 다닌다. 일찌감치 이슬람의 영향을 많이 받아 도시 전체 분위기가 이국적이고 독특하다.

아침식사를 마치고 휴식을 취한 후 곧장 화염산으로 향한다. 화염산은 시내에서 약 38km 외곽에 위치하고 있는데 호텔에서는 약 30분 정도의 거리이다. 투루판의 땅은 불타는 듯 검붉다. 오죽했으면 화염산이라 불렀을까. 골과 능선은 마치 타오르는 하나의 불길 모습이고, 그런 불길이 수십 개씩 모여 거대한 화염을 이루고 있다. 500m 높이의 봉우리들이 100km 정도 길게 이어져 있다. 붉은빛을 띠는 황사암 산은 햇빛을 받아 불처럼 타오르는 모습이다. 투루판의 화염산은 연간 최고 기온이 중국에서 가장 더운 곳이기도 하다. 해발고도는 물로 뒤덮인 사해 다음으로 낮다. 가장 낮은 곳은 해발 −154m. 여름이면 한낮 평균 기온이 45도요, 지표 온도는 80도까지 이른다고 한다. "밀가루를 반죽해 벽에 붙이면 빵이 되고 달걀을 찬물에 집어넣으면 삶은 달걀이 된다. 화기가 불필요한 편안한 땅"이다. 한 여름이면 엄청나게 뜨거운 지표 온도 때문에 근처에 접근하기도 어려울 뿐만 아니라 건조해서 작은 풀 한 포기조차 눈에 띄지 않는다. 붉은 흙과 모래로 된 화염산을 기어오른다. 산 아래에서 보기에는 30분이면 충분할 줄 알았는데, 첫 번째 봉우리에 오르니 또 다른 봉우리가 나타나고, 이제 끝인가 하면 또 봉우리가 나타난다. 능선을 걸으며 양옆을 바라보니 한쪽은 강이요 한쪽은 빙하가 쓸고 간 듯한 거대한 모래 협곡이 정신을 아득하게 만든다. 끝없이 이어지는 능선을 걷노라니 이 길을 따라 이대로 영혼의 세계로 들어가지 않을까 하는 아득한 착각이 든다. "닷새 동안 물 한 방울 먹지 못하여 입과 배가 말라붙고 당장 숨이 끊어질 것 같아, 마침내 모래 위에 엎드려 자꾸만 관음을 염했다." 현장법사는 훗날 투르판으로 가는 길을 그렇게 회상했다. 그러나 물도 식량도 넉넉한 요즘의 실크로드 여행객들은 조금만 힘들어도 투덜대고 있으니 구도승의 득도를 위한 처절한 기원을 어떻게 헤아릴 수 있을까.

화염산은 손오공과 삼장법사가 관련된 관광지라 입구에서부터 약 30m 가량 좌우양쪽에 서유기의 내용이 벽화로 그려져 있다. 서유기에

는 손오공이 100리(80km)가 화염에 뒤덮여 산을 넘지 못하자, 파초선으로 이 산의 불을 끄고 삼장법사와 함께 넘어갔다는 내용이 나오는데, 지금도 가끔씩 화재가 일어나는 것은 그때의 불씨가 완전히 꺼지지 않은 것 같다고 이곳 사람들은 전한다. 박물관 안 신장지역의 예술과 조각상이 있는 중앙 전시실을 통해 밖으로 나가면 원형으로 만든 야외 홀이 나오고, 화염산 지역의 온도를 알 수 있게끔 대형 온도계가 설치되어 있다. 과연 건조하고, 더운 도시답게 조금만 움직여도 입술이 바싹바싹 말라 들어간다. 박물관과 전시실의 조각과 그림들은 신장지역과 사람들의 애환 어린 삶의 모습을 잘 보여주면서 역사의 흔적으로 남아 있다. 예술은 때로 인간 삶의 조건을 규정짓기도 하고 두렵고 헤아리기 어려운 운명과 같은 세월의 의미에 저항하기도 한다. 화염산의 부장용 토우 '기마여인상'을 만든 조각가는 생전의 어떤 여인을 추억하며 저 여인상을 만들었을까. 말을 탄 여인의 곱고 흰 얼굴과 풍만한 몸은 작가에게 어떤 깊은 감명을 주었기에 조각 작품으로 남아 영원의 시간에 바쳐진 것일까? 영원과 현재의 복잡한 인연으로 맺어진 갈림길에서 한 점의 예술작품은 나그네에게 삶의 의미를 다시 묻게 한다. 박물관과 전시실 여기저기에서 볼 수 있는 신장지역 사람들의 애처로운 몸짓과 표정은 이곳을 찾는 사람에게 깊은 우수를 안겨준다.

현장법사와 손오공을 비롯한 세 제자가 지나간 소금계곡을 지나 천불동 석굴로 간다. 아득한 옛날 구법승과 상인들이 숨은 자의 해골을 이정표 삼아 발걸음을 재촉했던 그 길이다.

빼앗긴 천불동

화염산에서 약 10분을 달리면 무르투크강의 절벽에 위치한 베제클릭 천불동이 나온다. 베제클릭이란 말은 '산중턱'이라는 뜻이다. 이 천불동은 화염산과 같은 붉은 사암에 조성된 87개의 석굴사원이었는데,

현재는 20개 정도가 개방되고 있다. 6세기경에 화염산의 절벽에 굴을 파고 조성된 이곳 천불동은 고창국의 지배자였던 국鞠씨 일족들이 왕실의 사원으로 이용하면서 비롯되었다. 1898년 러시아의 클레멘츠가 발굴을 한 이후 서방 세상에 알려졌다. 그 후 독일의 그륜베델도 1902년부터 네 차례에 걸친 탐사를 했다. 석굴이 발굴될 당시 내부는 석가모니가 불공드리는 모습과 수많은 불화로 화려하게 장식되어 있었지만, 이곳을 처음 발견한 클레멘츠가 낙타상자 60개 분량의 유물을 도굴하여 가져가 버렸다. 13세기에는 몽골의 침략군에 의해, 그리고 14세기 이슬람의 침공 때 많은 유적이 파괴되었고, 클레멘츠의 도굴 때 가장 많은 손실이 발생했다. 도굴해 간 문화재는 대부분 타클라마칸 사막에서 소실되고 극히 일부만 남아있다고 한다. 여러 석굴들 중에서도 9호,

20호, 27호 석굴은 엄청나게 손실되어 굴 안이 텅 비다시피 하다. 아쉽게도 그나마 남은 유물마저 문화혁명 때 종교를 탄압하던 홍위병에 의해 많은 유물이 파괴되어 지금은 가장 보존상태가 양호한 39굴과 37굴 등이 벽화와 웅장한 겉모습을 확인할 수 있을 뿐이다.

돈황의 막고굴보다 더 철저하게 유린당한 곳이 투루판 천불동이다. 어떤 석굴은 텅빈 공간으로 남아 보는 이의 마음을 아프게 한다. 독일 탐험가들에 의해 통째로 뜯겨나간 벽화들은 베를린 박물관에 전시되어 있다가 2차 대전 때 연합군의 폭격으로 박물관 전체가 날라가 버렸다. 이 같은 이야기에 중국인들은 치를 떨며 분노한다. 중국인들과 함께 한국인도 서구인들을 욕한다. 그러면 일본 오타니 탐험대가 가져와 지금 서울 중앙박물관에 버젓이 전시되어 시민들이 관람하는 실크로드의 벽화 네 점은 어떻게 할 것인가. 역사에서 수많은 침탈을 경험한 우리는 천불동의 약탈과 유린의 흔적에 대해 감회가 남다를 수밖에 없다. 실크로드에는 인간과 자연, 인간과 역사 사이 투쟁의 흔적이 곳곳에 남아있다. 우루무치와 투루판에서도 극한의 자연에 맞선 인간의 투쟁, 영욕이 뒤엉킨 역사와 민족의 비애를 엿볼 수 있다.

석굴을 나와 베제클릭의 주변을 둘러보면 문화재보다는 자연과 어우러진 베제클릭 천불동 그 자체가 더 완벽한 그림이 아닌가 하는 생각이 들 정도로 주변 풍광은 아름답고 수려하다. 천불동의 수난과 비애를 아는지 모르는지 계곡 저 아래로 무르투크강은 빙하 녹은 맑은 물을 콸콸 흘려보내고 있다. 만약 이곳의 문화재와 함께 주변의 자연경관이 잘 조화를 이루어 간직되었다면, 세상 사람들은 돈황보다 이곳 투루판을 더 기억했을 것이다.

낙타의 눈물

천불동을 나와 입구에서 화염산의 중턱까지 낙타를 타고 올라간다. 힘들어 하는 낙타를 재촉하기 위해 위구르 청년들이 앞뒤에서 채찍을 휘두른다. 내가 탄 낙타는 나이가 많은 낙타인 듯 몸을 몹시 기우뚱거린다. 늙은 낙타의 발걸음이 힘겨워 보여 낙타 등 위에서 몸을 흔들고 있는 나그네의 마음이 편치 않다.

사막을 관통하는 사람들에게 낙타는 자신의 생명과 같은 존재이다. 낙타는 등에는 한 개또는 두 개의 혹이 달려있다. 흔들거리며 곧 쓰러질듯 힘없이 걷지만 사실 낙타는 매우 강인한 동물이다. 긴 다리와 딱딱한 발굽은 사막을 걷는데 적합하고 속눈썹이 길어 거친 모래바람에도 잘 견딘다. 또한 물 없이도 며칠씩 버틸 수 있고 말보다 더 많은

짐을 싣고도 먼 거리를 간다. 그래서 낙타는 사막을 횡단하며 교역을 하던 상인들에게는 자신의 생명만큼이나 소중한 동물이었다. 중국의 비단과 도자기도 낙타의 등에 실려 사막을 횡단해 유럽까지 전해졌다. 동서양 무역이 활발하던 당의 수도 장안은 낙타를 끌고 온 각국의 상인들로 북적거렸다.

낙타의 운명은 슬프다. 낙타가 가는 길은 언제나 사막길이다. 인간의 한평생이라는 것이 부와 명예를 좇아 아웅다웅 살아도 한 뼘 족적을 남기는 것에 불과하듯, 낙타는 걷고 걸어도 저 넓고 아득한 사막의 한 귀퉁이를 달릴 뿐이다. 험난한 사막 길에서 그들이 운 좋게 얻어먹을 수 있는 낙타풀이라는 것도 온통 가시투성이어서 한웅큼 씹으면 입안은 온통 피투성이가 된다. 낙타는 제 등 위의 육봉을 업보業報로 짊어진 채 사막 길을 터벅터벅 걸어간다. 뛰어봤자 또 다른 사막일 뿐이다. 오직 그 길을 걸어가는 것이 쓰라린 세월을 벗어나는 길이고 스스로의 업보를 씻어내는 것이라 믿는 듯, 걷고 또 걷는다. 인고忍苦의 세월을 가는 낙타의 한줄기 외로운 눈물은 긴 속눈썹 속에 금세 감춰져버린다.

천불동을 나와 다시 10분 거리의 아스타나 고분으로 출발한다.

영원한 휴식을 위한 아스타나 고분

황량한 벌판을 한참을 달려 아스타나 고분에 도착한다. 아스타나(Astana), 위구르어로 '영원한 휴식' 이라는 의미이다. 고창고성에 살다간 고창국 주민들이 잠든 공동묘지다. 건조한 기후 탓에 유택들은 구경하기 좋게 잘 보존되어 있다. 하루에도 수많은 관광객들이 찾아와서 잠들어 있는 영혼들과 대화를 나눈다. 그러니 이곳이 발굴된 이후에는 영혼들의 '영원한 휴식' 은 있을 수 없다.

입장료를 사서 들어가니 12지신 상이 나온다. 12지신 상 너머로 하반신이 뱀에 둘러싸인 복희와 여와의 상이 나온다. 고분은 지하로 내려가야 볼 수 있는데, 원래 아스타나는 1,400여 년 전의 고창국에서 부터 당나라까지 조성된 지하 무덤이다. 귀족과 고급관리에서부터 서민에 이르기까지 600여 기가 넘는 고분 중 일부만이 공개되고 있다. '영원한 휴식' 의 세계에 그려진 벽화에 꽃이 피고 새가 날아다닌다. 건조한 날씨로 인해 시신이 썩지 않고 잘 보존되어 있다. 사망 시기가 BC 600년 정도로 추정되는 평민 부부의 미라는 허리와 가슴팍이 손상되었지만 유리관 속에 고이 누워있다. 갈색의 피부와 머리카락, 입고 있던 옷이 남아 있어 생전의 모습을 쉽게 상상할 수 있다. 죽을 때 함께 묻힌 것으로 보이는 '식물과 짐승' 의 벽화 상태도 양호하다. 귀족의 묘 중에서는

گوۋۇيۈەن 1988 - يىلى 2 - ئايدا ئېلان قىلغان
国务院于1988年2月公布
مەملىكەت بويىچە نۇقتىلىق مۇھاپىزەت قىلىنىدىغان مەدەنىيەت يادىكارلىق ئورنى
全国重点文物保护单位
ئاستانە قەدىمكى قەبرىستانلىقى
阿斯塔那古墓群
ت . ۋ . م . ي باشقۇرۇش ئىدارىسى تۇرغۇزغان
吐鲁番地区文物管理局立
1999 - يىلى 8 - ئاينىڭ 18 - كۈنى
1999年8月18日
17 11:07AM

고창왕조 시기에 좌위대장군을 지낸 장웅張雄의 고분이 가장 볼만한데, 이곳에 걸린 벽화에는 후세 사람들이 살아가는데 교훈으로 삼아야 할 여러 가지의 내용들이 담겨져 있다. 발굴을 통해 나온 것 중에는 입구에 세워진 복희와 여와도를 비롯해 각종 고문서들이 발굴되었다. 발굴된 문서는 BC 273년 전의 것부터 시작하여 8세기 당나라 때의 문서까지 그 폭이 아주 넓다.

아스타나를 떠나오는데 부부 미라의 모습이 자꾸 떠오른다. 부부 미라 앞에는 관광객들이 두고 간 듯한 돈이 놓여 있었다. 그 돈을 노잣돈 삼아 부부는 밤마다 사막을 누비고, 달빛 밝은 밤이면 사막의 모래 구릉 위에서 흥겨운 춤을 추며 노닐지는 않을까. 바람에 불려오는 모래알들이 실크처럼 반짝거리는 사막에서 나그네는 한동안 이런저런 감상에 젖는다. 부부 미라 발치 위에 약간의 노잣돈이라도 두고 오지 못한 것을 후회하며 서둘러 아스타나를 떠난다.

슬픈 역사의 폐허 고창고성高昌故城

아스타나 고분을 떠난 지 얼마 되지 않아 고창고성에 닿는다. 투루판에서 가장 중요한 관광지 중의 하나라는 말에 내심 기대를 가진다. 유

적지까지는 2km, 당나귀 마차를 타야만 갈 수 있도록 해 두었다. 사막 바람이 매섭게 불어 사람들은 옷깃을 단단히 여미고 마스크를 한 채 당나귀 마차에 오른다. 당나귀는 여간 고집쟁이가 아니다. 마부가 아무리 채찍을 휘둘러도 당나귀는 당신하고 싶은 대로 해보라는 듯이 연신 머리를 땅으로 박고선 자기가 원하는 속도를 유지하며 터덜터덜 걸어간다. 사막에서는 아무리 똑똑하고 힘센 사람이라 해도 당나귀에 맞서 싸울 수 없다. 당나귀가 투정을 부리기 시작하면 모든 것이 중지된다. 사막에서 생기는 당나귀투정은 곧 전진을 포기하는 일로 귀결된다. 당나귀 마차를 타고 약 10분을 털털거리며 달리는데, 여기저기 무너진 도시의 성벽이 침략의 슬픈 역사를 보여주는 것 같아 마음이 착잡하다. 개인

이든 집단이든 힘이 없으며 저렇게 폐허만 남기고 사라지는 것 아닌가. 성터의 뒤편으로는 화염산이 병풍같이 늘어서 있는데, 황토 빛의 고성 유적과 붉은 빛을 내뿜는 화염산이 대조를 이루고 있어 인상적이다.

고창고성은 한나라 출신 국문태麴文泰가 세운 고창국의 성으로, 한때는 8만 명에 가까운 인구와 8천여 명의 승려가 살았던 곳이다. 그러나 고창 국왕이 흉노와 손을 잡자 당 태종이 군대를 파견해 둘레 5.4킬로미터 안의 이 황토성을 무자비하게 초토화시켰다. 지금은 1천500여 년 전 번성했던 흔적만이 무너지고 흩어진 흙담만 남아 있을 뿐이다. 역사가 남긴 흔적에는 영광의 모습도 있지만 고창고성처럼 허망한 사연들도 많다.

중앙의 불교 유적 중에는 유독 하나만이 복원이 되어 있는데, 직육면체의 벽 위에 원통형 천장을 2층으로 얹은 흙벽 건물이 그것이다. 여기가 바로 현장법사가 국왕의 간청으로 한 달 동안 '인왕반야경仁王般若經'을 설법한 곳이다. 서기 630년 겨울, 현장은 고창국왕을 배알했다. "만일 여기 머물며 불법을 설해주지 않는다면 강제 송환시켜 버리겠다"고 국왕은 현장에게 으름장을 놓았다. 당 황실 출국금지령을 어긴 죄가 있기에, 현장은 나흘 만에 단식투쟁을 풀고 석 달 기한을 정하고 고창에 머물렀다. 석 달 강의비로 24개 서역국 통행증과 20년간 왕복

台湾珍珠奶茶
高昌
GAO CHANG
和田玉
LiNing

여행경비가 나왔다. 국사가 되어 달라는 국왕의 간청도 거절하고, 현장은 결국 푸짐한 선물만 받고 천축(인도)으로 떠났다. 돌아오는 길에 3년간 공양을 하겠노라고 약속하고 떠났으나, 651년 당태종의 미움을 받은 고창국이 소정방에게 멸망을 당하였기에, 현장법사의 약속은 공염불이 되고 만다. 한국에서 온 스님 두 분 중의 한분이 이곳에서 '반야심경' 을 독경한다. 창창한 스님의 염불소리와 합장한 그 모습은 그 옛날 이곳에서 설법하던 현장법사의 모습을 연상시켰다.

쓸쓸한 역사의 현장을 여러 군데 둘러보고, 다시 정문으로 돌아오니 한 무리의 아이들이 서로 자신의 물건을 팔기 위해 조잡한 물건들을 흔들어 보이며 몰려든다. 위구르족 아이들의 눈망울이 투루판의 특산물인 붉은 포도 알맹이를 닮아있다. 또록거리는 눈망울이 귀엽기도 해서 이것저것 물어보았더니 즐겁게 대답을 한다. 한참 이야기를 나누고 사진을 찍고 하다 보니 아이들이 주머니에서 이것저것 물건을 꺼낸다. 순진한 아이들이 갑자기 상인으로 돌변해서 물건을 강매한다. 기분이 조금 언짢았지만 불쌍한 생각이 들어 하나를 사 주려고 지갑에 손을 넣는데, 아이 하나가 또 다른 물건을 들고 달려든다. 난처해하는 사이에 아이들끼리 싸움이 벌어지고 마침내 어른들까지 다가와 나를 윽박지른다. 기가 막히고 난감해서 그동안 위구르 사람을 너무 순박하게만 봤던 것이 후회가 된다.

웅대한 자연과 인간 삶의 역사를 간직한 투루판 시내도 요즘 개발 바람이 한창이다. 중국 정부가 국가 차원에서 대대적으로 추진하고 있는 서부 대개발의 주요 대상 지역 중 하나이기 때문이다. 이런 개발의 혜택이 포도알 눈망울을 가진 위구르족 아이들의 미래를 밝혀줄 수 있을까. 고창고성 입구에서 만났던 아이들이 자꾸 눈에 어른거린다.

교하고성交河故城의 사라진 사람들

교하고성은 투루판 시에서 서쪽으로 약 10km 떨어진 곳에 위치한 고성 유적지로 2세기부터 14세기까지 번영했다가 몽골의 침입으로 멸

망해버린 교하국交河國의 폐허이다. 전한시대부터 차사전국車師前國의 수도가 있어 성곽도시로 발전을 했지만 후에 한과 흉노의 지배를 받다가 사라져 버린 왕국이다. 화려했던 왕국의 흔적은 흙더미로만 남아있다. 교하고성은 수도인 장안長安에서 고비사막을 건너 만 리가 넘는 황량한 변방에 파견되었던 병사의 고통과 애환이 서려있는 곳이다. 예로부터 문학은 인간의 고뇌에서 비롯된 것이 아닌가? 당나라의 시인 이기李ケ는 사막을 건너 변방으로 향하는 군인들의 고뇌를 이렇게 노래하고 있다.

낮에는 산에 올라 봉화를 바라보고
황혼에는 교하에서 말에게 물을 먹이네
신중의 순라 소리 모래바람 속에 침울하고
공주의 비파소리에는 원한이 서려있네
야영하는 만리에는 성곽도 하나 없는데
눈비만 분분하게 사막에 연이었네
북쪽의 기러기 슬피 울며 밤마다 날면
오랑캐 아이의 눈물은 두 줄기로 흐르네
소문에는 옥문관이 아직도 막혀 있다는데
병사들은 목숨 걸고 전쟁을 해야겠지
해마다 병사들의 뼈는 사막에 묻히는데

포도만 부질없이 한나라로 들어오네

– 이기, 『고종군행古從軍行』의 일부

'교하交河'라는 이름에서도 알 수 있듯이, 두 개의 작은 강에서 치솟은 30m의 벼랑 위에 세워져 있다. 말하자면 두 줄기 강물이 만나는 지점에 군함처럼 떠 있는 성채이다. 성 입구에는 유네스코와 일본이 중국 국가문물국과 함께 이 성을 발굴했노라고 적혀 있다. 동서 300m, 남북 1650m의 성 안에 남아 있는 유적은 흙 벽 뿐이지만 고성 전체를 관람하려면 며칠이 걸린다. 교하는 고창의 유적보다 더 온전하게 남아있으며 옛날의 거리와 도로를 걸어볼 수도 있다. 널찍한 타원형 모양새로 앉아 있는 이 고성은 남쪽에 입구가 있고, 교하고성 전체를 조망할 수 있는 중앙 전망대까지 도로가 곧게 뻗어 있다. 안에는 불탑, 불전, 사원, 관청, 감옥과 민가의 흔적이 남아 있다. 교하고성의 최대 볼거리는 거대한 규모의 대사원大寺院인데 남북 80m, 동서 40m의 장방형 담장으로 둘러싸여 있다. 교하교성의 건축물 벽에는 지층이 그대로 남아 있고, 허물어지지 않은 채로 많은 건축물이 그 골격을 지니고 있다. 번성했던 옛 왕국과 영웅들은 간 곳 없으니, 인간과 국가의 흥망성쇠가 모두 무상하다는 생각에 가슴이 저려 온다.

교하교성에서 20분을 달리면 시내 남쪽에 있는 소공탑이 나온다. 입구에서부터 처음 보이는 것은 액민화탁額敏和卓의 동상과 넓게 펼쳐진 포도밭, 그 사이로 소공탑이 보인다. 소공탑은 신장 지역에서 가장 아름다운 탑으로 신장 최대의 이슬람 건축물이다. 이 탑은 1779년 투루판의 왕, 소래만蘇來滿이 아버지의 액민화탁의 공적을 기리기 위해 청나라 황제의 도움을 받아 세웠으며, 액민탑이라고도 불린다. 액민화탁은 청나라 건륭제 때 투루판의 반란군을 진압하여 건륭으로부터 환심을 샀다. 그래서 이 탑의 건립비용도 대부분 청 황실의 도움을 받아 만든 것이다. 높이 44m의 원형탑으로 만들어졌으며, 위로 올라갈수록 뾰족한 모양으로 못을 하나도 쓰지 않고 순수한 벽돌로만 지어서, 위구르자치구의 이슬람 건축물 중에서 가장 높고, 아름다운 탑으로 평가받고 있다. 원형탑의 기둥에는 아름다운 이슬람 문자가 그림처럼 조각되어 있다. 사원의 내부는 2층 구조로 1층에는 예배당이 있고, 2층은 전망대로 쓰인다. 예배는 매주 금요일과 휴일에 드리는데 이슬람교도들의 독특한 예배 형식과 생활상 볼 수 있다. 소공탑 꼭대기로 올라갈 수는 없으나 기둥 중간에서 내려다보는 경관도 좋다. 포도밭 근처 평원에서 풀을 뜯으며 서성이는 양떼들의 모습은 한없는 평화로움을 안겨준다.

평원 위의 양떼들이 마음껏 배회하듯이, 물고기가 호수의 한계에 사로잡히지 않고 물속에서 헤엄치듯이, 우리는 이런저런 의무와 관습과 삶의 무게와 규제 속에서도 그 곳에 갇히지 않고 자유롭게 살고자 한다. 자유란, 말로 되는 것도 아니고 계획 속에 있는 것도 아니며 교훈도 아니고 사색도 명상도 아니다. 그것은 영원과 함께 우리 본능의 우아함 속에 영감으로 존재하는 것이다. 그것은 우리들의 열정 속에 존재하는 열려진 창이며 섬광처럼 날아가는 화살이며 생의 틈 사이에 존재하는 미로와 같은 것이다. 내 시간 속에서, 바라보는 차창 밖의 풍경 속에서, 누구의 방해도 받지 않는 자유 속에서, 나는 능동적으로 움직이며 침몰한다. 사막은 비단결같이 끝없이 누어있고 모래 구름을 일으키며 유유히 흘러간다. 지난 일들이 파편처럼 떠오른다. 마치 거짓처럼 남아 있는 내 청춘의 아름다운 편린들, 차마 떠올리고 싶지 않은 추악했던 일들. 이런저런 아쉬움과 서러움의 순간들을 돌이키다 보면 금새 눈물이 솥아져 내릴 것 같아 눈을 감는다.

사막의 지하수로, 칸얼정坎兒井

서쪽 하늘은 점점 붉게 변해가고 있다. 투루판 시내는 붉은 노을 속에 포도넝쿨이 무성하다. 투루판 시에서 화염산 서쪽으로 10km정도

가다보면 계곡의 수로를 따라 500m 정도의 폭에 8km쯤 이어지는 포도원이 있다. 이곳의 특산물인 씨 없는 청포도 알맹이들이 마치 옥처럼 매달려 햇빛에 반짝거린다. 매우 단 맛이 나는 청포도 이외에도 마나이즈, 메이꿰이홍 등 여러 종의 포도가 재배되고 있는데, 연간 생산량이 6천 톤을 넘는다고 한다. 포도원 구내에는 관광객들을 위한 접대소가 있어 2미터 길이의 포도넝쿨을 조성하여 포도넝쿨들이 머리 위며 옆으로 연초록빛을 띠고 흐드러져 있다. 절벽 사이로 배어나오는 샘물들은 양어장을 이루고 이 평화롭고 조용한 포도원에서 몇 원의 돈만 내면 마음껏 포도를 따 먹을 수 있다. 포도밭에서 일하던 아낙은 건포도와 포도주를 권하며 사가기를 청했다. 그들은 여름 온도가 섭씨 80도까지 오르고 연간 강수량은 불과 16밀리미터에 불과한 이곳을 서슴없이 '세상에서 가장 살기 좋은 땅' 이라고 말한다. 이 척박한 땅에 전혀 어울릴 것 같지 않은 말을 이곳 사람들은 어떻게 할 수 있는 것일까. 에스키모는 얼음으로 뒤덮인 북극을 늘 마음의 고향으로 그리워하고, 사막에서 태어난 사람들은 멀리 좋은 환경으로 떠나와도 풀 한 포기, 물 한 방울 없는 사막을 늘 그리워한다. 사람은 누구나 자기가 태어나고 자란 모태를 가장 아름다운 곳으로 여기고 사랑하게 되는 것이다.

물 한 방울 없는 불모와 건조의 땅에서 어떻게 사람들은 뿌리를 내려 살 수 있을까? 바로 '칸얼정' 이라는 수로가 있었기 때문이다. 땅과

물은 생명의 근원을 이루는 원동력이다. 메마른 황무지라고 할지라도 단비가 내리면 새로운 생명들이 이 땅 위에서 저마다의 모습으로 앞 다투어 자라난다. 갈라진 땅 속으로 물이 흘러들면 새로운 생명이 부활한다. 비가 오지 않는 척박한 땅에서도 사람들은 꿈을 키워 갔고, 그 꿈은 결국 자신 안에 살아 숨 쉬는 생명을 살려냈다. 칸얼정이 남긴 발자국과 이 지역 사람들이 살려낸 생명을 보며 이곳에 온 이유와 희망을 생각해 본다.

사람들은 천산산맥에서 마을까지 사막 지하에 거미줄처럼 파 놓은 수로 칸얼정으로 인해 포도밭에서 풍성한 수확을 거둔다. 칸얼정은 만리장성, 남북대운하와 함께 중국을 대표하는 불가사의한 삼대 건축물로 꼽힌다. 현재의 이란까지 5,000km에 이르렀던 칸얼정은 한나라의 실크로드 개척 때 만들어져서 2,000년이 넘는 역사를 가지고 있으며, '지하의 만리장성' 으로도 불려진다. 칸얼정의 역사는 기원전 103년까지 거슬러 올라가며, 이란이나 사하라 사막 등지에서까지 그 흔적이 발견된다. 그 중 투루판의 칸얼정이 가장 완벽하게 원형을 보존하고 있다. 칸얼정은 인공적으로 뚫은 지하 수로이다. 투루판 분지를 감싸고 있는 천산 산맥의 산정은 만년설로 덮여 있다. 2천여 년 전부터 이 만년설이 녹은 물을 투루판으로 끌고 오기 위해 사람들은 지하수로를 파기 시작했다. 산 밑에서부터 투루판에 이르기까지 일정한 간격으로 우물을 파고, 그 우물 사이를 지하에서 연결해 수로를 만들었다. 지표면에 물길을 만들면 엄청난 증발력으로 인해 투루판에 도달하기 전에 물이 다 증발해 버리기 때문이다. 그렇게 판 지하수로는 1천 200여 개에 달하고 총 길이는 5천 킬로미터가 넘는다. 생존을 위하여 인간은 이 엄청난 역사를 마다하지 않은 것이다. 지하로 내려가 흐르는 물에 직접 손을 담구고 칸얼정의 지하수로를 보고 있으니 생명이 얼마나 소중하고 존귀한 것인지, 인간이 얼마나 끈기 있고 위대한 존재인지 새삼 깨닫게 된다. 자연에 맞서 그처럼 엄청난 일을 해냈던 투루판 사람들이지만, 거리에서 만나는 그들은 커다란 눈동자를 껌벅대는 겁 많고 순박한 촌부의 모습이다. 17만 남짓한 인구는 위구르족이 절대 다수를 차지하는데, 그들은 동양인과 구별되는 페르시아계의 외모이다.

쿠무타크 사막의
파라쿤 초원

수풀의 바다에서 유목민들에게 눈앞에 펼쳐진 초록은 바람이 불 때마다 파도의 소용돌이처럼 변해간다. 파도치던 초록은 지평선에 닿아 잠잠해지고 다시 되돌아오곤 된다. 이처럼 파도치는 초록빛 초원에서 말을 타고 달리면 상상할 수 없을 정도의 해방감을 갖게 된다. 몽골, 만주, 카자흐족들은 모두 그 선조들이 유목민들이고, 이들은 바로 칭기스칸의 후예답게 오늘도 힘차게 초원을 향해 달려간다.

쿠무타크 사막의 모래공원

세계의 사막 중 도시와 가장 가까이 있는 사막이 쿠무타크 사막과 파라쿤 초원이다. 며칠 동안 여장을 풀었던 투루판 빈관 호텔을 뒤로 하고 쿠무타크 사막으로 이동을 한다. 약 2시간 만에 도착한 선선이라는 도시와 함께 붙어있는 쿠무타크 사막은 정취가 대단히 인상적이다. 고운 모래로 이루어진 사막의 모습은 누구나 항상 머리 속에 그리는 그러한 사막이어서 지금까지 보았던 거친 고비 사막과 사뭇 딴판이다. 날씨는 시원하다 못해 이곳 지명처럼 제법 선선하여 긴 소매 옷을 꺼내 입는다. 쿠무타크 사막 근처에 도달 하자 제법 굵직한 빗방울이 내리기 시작한다. 이곳의 강수량은 연간 16mm라고 하는데 그 귀하다는 비가 제법

내려 사막은 축축할 정도로 젖어있다. 고운 모래로 만들어 놓은 모래 조각상들이 여기저기 조금씩 무너져 내려 조각가들의 손길이 바쁘다. 배낭을 메고 어슬렁거리며 이곳저곳을 기웃거리는 내게 이곳 안내자들은 축복받은 사람이라고 한다. 사막이 워낙 넓고 광활해서 사막자동차를 이용하기로 한다. 영화에서나 보았던 바퀴가 커다랗고 소리가 요란한 지프를 타고 사막의 이곳저곳을 질주한다. 굉음을 지르며 봉우리를 올라갔다 내려갔다 하는 지프는 스릴을 만끽하기에 안성맞춤이다.

끝도 없이 펼쳐지는 쿠무타크 사막의 환상적인 풍경을 뒤로 하고 하밀哈蜜로 출발한다. 선선에서 하밀까지 이르는 6시간여 동안, 끝없이 펼쳐지는 천산산맥의 삭막한 풍경이 나와 지루한 동행을 한다. 하밀은 인구 53만의 서역 실크로드의 중심 도시로 투루판과 돈황 사이의 중간 경유지이다. 하밀이 가까워 오면서 차창 밖에는 용도를 알 수 없는 흙벽돌의 건물이 곳곳에 서 있다. 커다란 벌집 같기도 하고, 농작물을 저장하기 위한 창고 같기도 하다. 중국인에게 물어 보니 그것은 하밀의 특산품인 당도 높은 포도를 건조하기 위한 일종의 건조통이다. 흙벽돌을 켜켜이 쌓아 세운 건물 속에서 햇살과 바람과 시간이 적당히 어우러져야 제대로 된 건포도가 나온다는 것이다. 투르판과 하밀에서는 이 같은 건물들을 자주 보게 되는데 이 건물들이 하밀 시민들의 주 수입원을 만드는 곳이다. 하밀의 특산물중 으뜸으로 치는 포도로 빚는 술은 중국

내에서는 물론 서역으로 팔려나가는 주요 생산품중의 하나이다. 하밀은 포도 이외의 다른 과일로도 유명한 곳이다. 무진장한 일조량으로 당도가 높으니 과일이 유명할 수밖에 없다. 복숭아, 자두, 석류, 그리고 양귀비가 좋아했다는 여지 등 열대과일들이 가득한데, 그 가운데 단연 눈에 띄는 것은 하밀과이다. 하밀과는 메론의 일종인데 중국의 천황에게 진상하던 과일로 너무 달고 맛이 있어서 지역이름을 따서 부르게 된 것이다. 하밀의 거리와 시장에는 하밀과를 비롯하여 가게마다 수북이 쌓인 풍성한 과일들을 볼 수 있어 마음마저 풍요롭다. 가격은 엄청나게 싸서 우리 돈 2000~3000원이면 한 바구니가 되고, 또 덤으로 얻는 과일에는 시골 사람들의 인정이 담겨있다.

회왕릉은 서기 1840년경에 조성된 회족의 왕과 왕비가 모셔져 있는 곳이다. 천정 높이가 25m나 되는 돔이 정말 경이롭다. 거대한 건축물임에도 불구하고 내부에 전혀 목재를 사용하지 않은데다 타일로 수를 놓은 듯 벽을 장식한 섬세한 무늬며 아름다운 색채가 눈을 현란하게 한다. 이슬람 전통양식대로 복숭아 모양의 봉분이 쌓아져 있는 회왕릉에서 흥미로운 것은 그 안에 탈곡기를 함께 넣었다는 사실이다. 왕비의 능도 왕의 능과 봉분의 모양만 다르지 역시 그 속에 베틀을 함께 매장했다. 보통 우리나라 풍습대로라면 사후 세계에서의 부귀를 염원하며 귀하고 보배로운 것을 넣었을 텐데, 베틀을 넣음으로 죽어서도 일을 놓지 못하는 그들의 성실성이 마음을 찡하게 한다. 국토의 절반 이상이 사막인지라 죽어서조차도 열심히 일을 해 더 풍요로운 내일을 후손에게는 물려주겠다는 의지로 읽혀진다.

초원을 달리는 사람들

오후에는 파리쿤 초원을 다녀왔다. 끝없는 사막을 얼마나 달렸을까. 갑자기 사막 한가운데 초록색의 대 초원이 펼쳐지고 자유롭게 무리지어 다니는 양떼들과 겔(파오)이라는 위그르인들의 천막집, 한가롭게 풀을 뜯는 말들이 보인다. 말타기를 하고, 잔디밭에 앉아 맑고 높은 하늘을 올려다보면서 오랜만에 편안한 휴식을 즐긴다. 드넓은 초원을 내달리는 수많은 말과 양 떼, 이제 곧 밤이 되면 머리 위로 쏟아질 듯한 밤하늘의 별들은 도시생활에 익숙한 우리들에겐 그 그림만으로도 설레는 풍경들이다. 사막의 한가운데에 그리 멀지 않은 거리에 이 같은 초원이 자리하고 있다는 것이 아무리 생각해도 기이하다. 초원에는 항상 계절이 앞서 간다. 봄이 오는가 싶으면 벌써 여름이 다가 온다. 봄이 여름과 함께 시작되는 계절적인 특성 때문에 봄 기온을 찾기란 쉽지 않다. 6월의 초원에는 벌써 한낮엔 이글거리는 태양이 넓은 초원을 내리쬐고 초원 여기저기에는 들꽃들이 피어나 꽃 천지를 이룬다. 그늘 하나 없는 대지에 내려 쬐는 뜨거운 태양은 대지를 삼킬 듯 왕성하지만 해가 지면 언제 그랬냐는 듯이 어깨가 서늘할 정도로 기온이 쉽게 떨어진다. 유목생활에 익숙해진 유목인들에게 날씨는 큰 문제가 되지 않은 듯하다. 한낮 제법 뜨거운 햇볕에 힘이 들 것 같건만 전혀 개의치 않는다. 여느 때와 마찬가지로 말을 타고 양 떼를 몰아 초원으로 달려간다. 조금은 남루한 차림의 복장, 햇볕에 그을린 얼굴빛, 누렇게 물든 치아를 드러내고 웃는 모습은 너무나 순박하다. 유목민들은 유목 생활에 익숙해 복장이나 미용에는 크게 신경을 쓰지 않는다. 아침에 세수도 매우 간단하다. 파오 앞에 마련된 물주전자의 물에 수건을 적셔 얼굴을 닦는 것으로 세수는 끝이다. 식사도 간단하기 짝이 없다. 오랜 세월 초원과 함께해 온 그들의 삶. 그리 쉬운 삶은 아닌 듯 불편해 보이지만 그들의 생활을 불평하는 이들은 없다. 수풀의 바다에서 유목민들에게 눈앞에 펼쳐진 초록은 바람이 불 때마다 파도의 소용돌이처럼 변해간다. 파도치던 초록은 지평선에 닿아 잠잠해지고 다시 되돌아오곤 한다. 이처럼 파도치는 초록빛 초원에서 말을 타고 달리면 상상할 수 없을 정도의 해방감을 갖게 된다. 몽골, 만주, 카자흐족들은 모두 그 선조들이 유목민들이고, 이들은 바로 칭기스칸의 후예답게 오늘도 힘차게 초원을 향해 달려간다.

초원의 여기저기를 다니다가 주인의 허락을 받고 파오를 한군데 들여다보니 바닥과 천정에 붉은 색의 카펫이 찬란하게 깔려있는 것이

왠만한 고급 호텔 방을 연상시킬 정도이다. 이곳 사람들은 부의 척도를 카펫과 부인의 미모로 평가한다고 한다. 파오의 시설과 카펫으로 보아서는 파리쿤 초원에 살고 있는 주민들은 상당한 재력을 가진 사람들이 틀림없을 듯하다.

투루판의 일정을 마치고 천산북로를 거처 천산남로를 향한다. 서울역에서 경의선을 타고 개성과 평양을 지나 신의주를 거쳐 북경에 도착할 수 있는 날이 언제 올까. 우리 땅 북한을 밟지 못하고, 북경에서 서안으로, 서안에서 돈황으로, 투루판으로, 쿠차로, 카슈카르로…. 열차는 사막을 횡단하고 산맥을 넘은 뒤 대륙과 유럽을 향한다. 그곳에 실크로드라 불리는 냉엄한 현실과 아득한 전설의 공간이 있다. 그곳에는 전설의 흔적을 간직한 풍광과 역사, 옛 삶의 모습과 이야기, 그리고 죽음이라는 냉엄한 현실이 생생하게 살아있다. 열차가 힘겹게 천산산맥을 넘는다. 옛날 구법승들과 대상들이 죽음을 무릅쓰고 건너던 길이다. 전설과 역사를 잇는 길, 실크로드의 저 깊은 속으로 열차는 달려간다.

아름다운 목장
우루무치

우루무치에는 어디에나 시장이 있고 그 속에는 사람들이 우글거리고 있어 생명력이 꿈틀댄다. 사람들이 들끓는 우루무치의 시장에 서있으면 명예도 권력도 부도 명성도 아무것도 문제될 것이 없어 보이고 오직 생명에 대한 갈망만이 치솟는다.

가난에 찌든 이들의 모습에 마음이 아프다가도, 그들의 평화롭고 천진한 표정 앞에서는 형식과 허세를 살찌워온 우리네 삶이 오히려 불쌍해진다.

위구르는 어머니가 낳고 한족은 기차가 낳고

우루무치는 신강 위구르자치구의 성도로, 박격달博格達산의 서부에 위치해 있는데 남쪽으로는 타클라마칸과 곤륜산맥에 닿아 있고 서쪽은 실크로드의 오아시스인 인닝을 지나 구소련과 파키스탄으로 이어진다. 우루무치란 위구르어로 '아름다운 목장'이라는 뜻이다. 세계에서 바다와 가장 멀리 떨어진 도시로, 아시아 대륙의 중심이면서, 서양과 동양의 다리 역할을 했던 실크로드의 요충지이다. 말하자면 우루무치는 양

대륙의 거점을 확보하는 길이어서 위구르족, 한족, 회족, 카자흐족 등의 민족들이 이곳에 자리를 잡고 각축했다. 마지막 승자는 한족이었고 그 패자는 위구르였다. 그래서 지금 한족이 '신강 위구르 자치구'라 이름 한 이 척박한 땅에서 소수민족 위구르인들은 살아가고 있다. 자고 나면 불어나 있는 한족들을 가리켜 "위구르는 어머니가 낳고 한족은 기차가 낳는다"라고 위구르인들은 빈정댔다. 위구르족의 자치구라고 하지만, 전체 인구 1천700만 명 중에서 70퍼센트 이상이 한족이다. 면적은 164만 평방킬로미터로 중국 전체 면적의 6분의 1을 차지하며, 한반도의 7배가 넘는 넓은 땅 대부분이 사막과 황무지여서 상주하는 인구는 적은 편이다. 그러나 각기 다른 풍속을 지닌 민족들이 공존하는 가운데 우루무치의 특색 있는 문화와 찬란한 고대 서역문명이 형성되었다.

사막의 오아시스에 조성된 도시, 쭉쭉 뻗은 20~30층의 고층빌딩이 적지 않게 도심을 메우고 있는 우루무치에서 '아름다운 목장'의 흔적을 찾기는 힘들다. 사실 우루무치 자체에는 관광 명소가 별로 없다. 자치구의 구도인 만큼 신강의 지역경제와 행정의 중심지이며, 신강 여행의 출발지일 뿐이다. 특히 투루판까지는 자동차로 세 시간 남짓한 시간이면 닿기 때문에 우루무치-투루판은 한 묶음 관광지이다. 우루무치에서 사람들이 가장 많이 찾는 곳은 천산천지, 신강 위구르 박물관, 우루무치의 3대 바자르, 남산목장 정도이다.

앞서 이야기한대로 중앙아시아 대륙의 실크로드 중간에는 커다란 분지 타클라마칸 사막이 있고, 이 사막을 가로 지르는 2,555km의 대 장벽이 있다. 이 장벽이 바로 천산 산맥이다. 천산은 사시사철 기온이 낮아 설산의 장관을 연출하곤 하는데, 천산 뒤쪽에 있는 박격달 봉우리에 쌓인 눈은 만년설로 사시사철 설산의 아름다움을 제공한다. 산의 정상에는 호수가 있는데 이것이 천산천지天池이다. 백두산 천지를 연상시키는 천지에 도달하니 맑고 푸른 물 위에 만년설을 인 흰 봉우리들이 비쳐 환상적인 분위기를 자아낸다. 유람선을 타고 천지를 한 바퀴 돈다. 백두산 천지만큼 아름답고 웅대하지는 않지만 그런대로 멋진 모습을 간직하고 있다.

신강 위구르 박물관은 우루무치의 서북로에 위치하고 있으며, 1953년에 세워졌다. 주로 12개가 넘는 소수민족의 공예품과 문물을 집중적으로 전시하고 있으며, 전시품의 진열 방식이 독특하다. 박물관은 크게 몽고구, 카자흐구, 타지크구와 문물 전시구의 네 부분으로 나뉘어져 있었다. 주변은 공사로 어수선하기 짝이 없었지만 신강 지역에서 출토된 유물들이 다양하게 전시되어 있었다. 토기, 화폐, 문서 등 실크로드와 관련된 유물들이 실크로드의 산 모습을 재현해 보여 주는 것 같았다. 박물관에서 나와 그리 멀지 않은 거리에 있는 미라 유적지로 갔다. 전시물 중에는 신강지구의 묘에서 발견한 고대인의 미라가 특히 눈에 띈다. 지하계단을 따라 내려가니 연대가 다른 각종 미라가 죽어서도 숨을 쉬겠다는 듯 길게 누워 모습을 드러내고 있다. 건조한 사막이 아니었다면 벌써 한줌의 부토가 되어 사라졌을 미라들이 살아 숨 쉬는 듯이 누워있었다. '4000년 전 누란의 미녀' 라는 제목이 붙은 미라는 정말 아름다웠다. 깊은 눈, 오뚝 선 코, 머리카락도 잘 보존된 미라는 시신이 부패한 흔적도 거의 없어 4000년 전의 사람의 모습이라고는 도저히 상상할 수 없었다. 800년 전의 것으로 추정되는 어린이 미라도 얼굴에 생기가 가득해 금새 일어나 장난스럽게 안겨올 듯하다. 풀 한포기 자라지 않는 건조한 열사의 사막은 인간의 주검을 한줌의 흙으로 만들지 않고 이 지하 계단에 고이 간직해 두고 있다.

우루무치의 바자르

이슬람 문화가 짙게 배어 있는 우루무치에는 자유 시장, 바자르가 발달해 있다. 굳이 물건을 사지 않더라도 바자르에 가면 독특한 공예품이나 특산물이 많아 어디서나 눈이 즐겁다. 우루무치의 유명한 바자르는 크게 세 군데가 있다. 제팡루 남쪽에 있는 얼다오차오 바자르, 홍산공원 옆의 홍산 바자르, 그리고 남문에서 서쪽의 홍치루 바자르가 그 곳이다. 우루무치의 가장 번화한 거리인 중산루와 다시먼이 교차하는 곳에서 다

스쉐까지 걸쳐있는 홍산 바자르는 항상 사람들로 붐비는 곳이다. 바자르는 대체로 오전 6시경에 문을 열어 저녁 7시 즈음 파한다. 바자르에서 빼놓아서는 안 될 것은 바로 먹거리이다. 각각의 바자르 내에는 포장마차나 저렴한 식당들이 성업 중인데, 양고기점이나 이슬람교도들의 빵인 '난'을 파는 식당이 눈에 많이 띈다. 얼다오차오 바자르는 외국 관광객에게 특히 인기 있는 자유 시장으로 '이도교시장'이라고도 불린다.

우루무치에는 어디에나 시장이 있고 그 속에는 사람들이 우글거리고 있어 생명력이 꿈틀댄다. 사람들이 들끓는 우루무치의 시장에 서있

으면 명예도 권력도 부도 명성도 아무것도 문제될 것이 없어 보이고 오직 생명에 대한 갈망만이 치솟는다. 가난에 찌든 이들의 모습에 마음이 아프다가도, 그들의 평화롭고 천진한 표정 앞에서는 형식과 허세를 살찌워 진정성을 박탈당해 버린 우리네 삶이 오히려 불쌍해진다. 우리네 삶은 살아도 늘 남의 것인 양 제대로 사는 것 같지 않다. 현대적 삶이란 전원을 꽂아야 비로소 살아 움직이는 가전제품과 같은 것인지 모른다. 우리가 삶을 사는 것이 아니라 주변의 것들이 끊임없이 삶의 틀을 만들어 주고 우리는 그냥 끌려가고 있을 뿐. 삶은 어디론가 빠져나가 버리고 껍질만 수북하게 쌓여 있는 듯하다. 그래서 우리는 한 방 가득 눈물겨운

양파껍질을 쌓아놓고 진짜 삶을 찾아서 오늘도 집 밖을 헤매고 다닌다.

우루무치의 시장 바닥에는 주름이 가문 논바닥 같이 패인 노인과 새까만 얼굴의 아이들이 삶에 문제되는 건 하나도 없다는 듯 장난을 치며 노닥거리고 있다. 이곳의 기온은 밤에는 겨울, 아침과 저녁은 봄가을, 한낮은 여름 땡볕 속과 같다. '아름다운 목장' 은 눈과 햇빛으로 그 품속에 있는 사람들을 사랑한다. 때론 자애롭고 관대하게 때론 잔인하고 냉혹하게… 이곳에서 나는 삶을 배운다. 그리고 사막을 넘어 홀로 가는 자를 생각한다.

남산목장은 우루무치에서 남쪽으로 60km 정도 떨어진 천산산곡 안에 있는 카자흐족의 방목지이다. 상상할 수 없을 정도로 깨끗하고 푸른 하늘과 초원이 펼쳐진다. 방목 풍경은 물론이고 카자흐족의 주거형태인 파오를 볼 수 있다. 이곳에서 말을 타고 주변을 돌아보며 잠시 동안이나마 카자흐 유목민들의 떠돌이 삶을 맛본다. 남산목장을 나와 우루무치로 되돌아오는 자동차는 몹시 흔들린다. 차창 너머로 아득한 사막이 스쳐가고 있고, 그 위로 가버린 시간들이 흔들대고 있다. 가버린 날들은 언제나 그렇게 슬픈 것이다.

눈물이, 부질없는 눈물이

눈물이, 부질없는 눈물이, 뜻도 모를 눈물이
그 어떤 성스런 절망의 심연에서 나온 눈물이
가슴에 치밀어 눈에 고이네
복된 가을 벌판 바라다보며
가버린 날들을 추억 할 때에,
저승에서 정다운 이들을 데려 내오는 돛폭에
반짝거리는 첫 햇살처럼 신선한,
수평선 아래로 사랑하는 이들 전부 싣고 잠기는 돛폭을
붉게 물들이는 마지막 빛살처럼 구슬픈,
그렇게 구슬프고, 그렇게 신선한 가버린 날들.

—A. 테니슨, 〈눈물이, 부질없는 눈물이〉 부분

2. 타클라마칸의 달

누란,
그 슬픈 도시

타클라마칸의 건조한 기후는 시신을 화학적으로 처리하지 않은 채 그냥 두어도 수분이 증발되면서 자연스레 미라가 된다. 수천 년의 세월이 지나도 살아있는 듯 부패하지 않고 유리관 속에 누워있는 미라를 들여다보며 형언할 수 없는 비애를 느낀다. 시간과 함께 모든 것이 무화되고 소멸되는 열사의 사막 속에서 육신을 온전히 간직해온 저 세월은 누란 미녀의 슬픔을 알 것인가.

누란을 그리며

천산산맥의 아득한 길을 넘고 넘어 쿠얼러에 닿는다. 이곳에서 다시 타클라마칸의 끝자락에 자리 잡은 누란을 찾는다. 몇 년 전까지만 해도 누란의 고성을 찾는 길이 제대로 없었다. 하지만 이제는 여유로이 낙타 풀을 뜯던 낙타들이 고개를 들어 사막복판을 질주하는 자동차를 물끄러미 바라본다.

누란은 기원전부터 기원후 6세기까지 타클라마칸 사막 남쪽, 전설의 로프노르(Lop Noir) 호수를 따라 실크로드 서역남로에 번성하였던 신비의 오아시스 왕국이었다. 흉노와 중국의 틈바구니에서도 동서교역의 기점으로 찬란한 문화의 꽃을 피웠다. 누란은 '선선' 이란 이름으로 명맥을 유지하다가 홀연히 사막의 모래바람 속으로 신기루처럼 사라진 왕국이다. 주민의 대부분은 유럽계 아리아인이고, 그래서인지 여인들은 살결이 순백으로 흰 혼혈 미인들이다. 한때 그토록 번성했던 누란이 어느 날 사막의 모래바람 속으로 사라진 이유에 대해 학자들의 다양한 견해가 있었으나, 스웨덴의 탐험가 스벤 헤딘에 의해 모든 사실이 밝혀지게 되었다. 그것은 '방황하는 호수' 로프노르 때문이었다. 호기심 많은 동서양의 많은 탐험대들이 전설을 따라 이 호수를 찾아 나섰지만 사라진 이후 이천년 동안이나 누구도 그 실체를 발견할 수 없었다. 1929

년 로프노르는 헤딘에 의해 처음 세상에 드러났다. 로프노르를 찾던 헤딘의 탐험대는 한 대원이 분실한 물건을 찾기 위해 온 길을 되돌아가다 우연히 사막 속에 잠들어 있던 고대유적을 발견하게 된다. 이 고대유적이 신장 위구르지역의 실크로드 일대에서 기원 전 2세기부터 서기 5세기 사이에 존재했던 전설적인 도시국가 '누란'이다. 스벤 헤딘에 의해 처음 세상에 알려진 이후 누란은 영국인 스타인, 프랑스의 펠리오, 일본 승려 오타니 등에 의해 본격적인 발굴이 시작되었다. 막대한 양의 불상과 불화, 사원유적, 직물, 문서들이 속속 발견되어 누란은 전설 속 신비의 왕국에서 화려한 문명을 자랑하는 역사도시로 거듭나게 되었다. 누란에서 발견된 유적들 중에서도 날개 달린 천사상과 꽃 비단을 두른 벽화 군상들은 그리스 예술의 영향을 말해주며, 한나라의 비단과 옥 세공품은 서역남로를 통한 동서양의 교류가 얼마나 번성했는지 추측할 수 있게 한다. 고고학적 발굴에 의해 누란은 약 2~3만명 정도의 인구를 가진 풍족한 도시였으며, 중앙의 불탑을 중심으로 300미터가 넘는 누란성으로 둘러싸여 있었음이 밝혀졌다. 또 도시 가운데는 로프노르에서 물을 끌어오기 위한 수로가 있었던 문명도시였음이 세상에 알려지게 되었다. 뿐만 아니라 세찬 모래폭풍으로 로프노르의 수원水原인 타림강의 물길이 1600년을 주기로 동서로 수 백 킬로미터를 이동하며, 그 위치와 면적까지도 변하는 방황하는 호수였다는 사실도 밝혀졌다. 호수의 위치가 바뀜에 따라 누란이 사라지게 되었고 동시에 실크로드 서역남로도 그 번성하였던 자리를 서역북로에 내어주게 되었던 것이다.

통일신라시대 승려, 혜초는 〈왕오천축국전〉에서 이 지역을 지나치며 폐허로 변한 누란에 대해서 소회를 피력한 바 있다. 그보다 한 세기 먼저 이곳을 지나간 현장법사도 "대유사大流沙를 건너 다시 천리를 가면, 성곽은 높이 솟아 있으나 인적이 끊긴 누란국 옛터에 이른다"라고 하였다. 그러나 이보다 이백년을 먼저 지나갔던 법현은 {불국기}에서 선선왕국인 누란에 대해 "대사하大沙河를 17일간, 천오 백리를 걸어 선선국에 노착하였다. 지형이 기묘하게 생겼으나 땅은 메마르다"고 묘사한다. 이렇게 누란은 신비로 가득한 전설 속의 도시였다.

비련의 공주, 오드리 낙랑

천오백 년 간 긴 잠을 자던 누란의 유적들 중 압권은 스벤 헤딘에 의해 발견된 흰 살결을 가진 귀족풍 여인의 미라이다. 아직도 살아있는 듯 생생한 이 미라의 발견은 세계 여러 나라 유물 발굴단과 작가들의 상상력을 자극하여 누란을 소재로 한 연구와 문학 작품들이 쏟아지는 계기를 만들었다. 이 미라는 누란의 마지막 왕이 애지중지한 공주, 오드리 낙랑이었다.

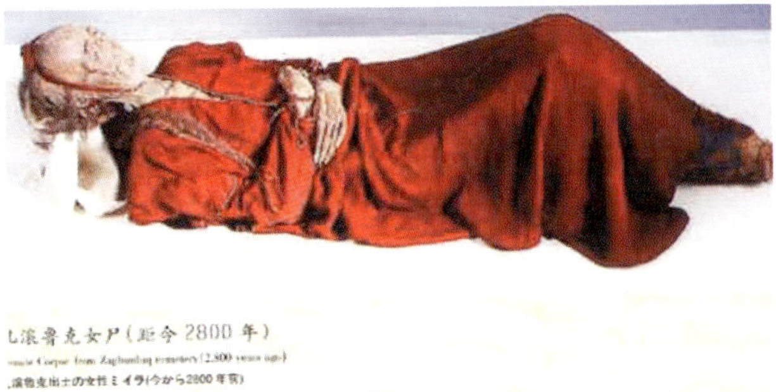

오드리 낙랑의 모습을 가장 잘 확인할 수 있는 것은 우루무치의 신장 위구르 박물관이다. 우루무치 박물관에 잠들어 있는 '누란의 미녀'는 흡사 살아있는 것처럼 생생하다. 1973년에 발견된 4000년 전의 미라는 금발머리와 붉은 피부, 큰 눈을 가진 여인이었다. 이빨, 머리카락, 손톱도 그대로 살아있는 듯하다. 얼굴의 살이 뼈에 말라붙은 것이 아니라 살점이 남아 있어 아직도 얼굴에 화색이 도는 듯하다. 이곳의 미라가 생동적인 모습으로 남아있는 것은 건조 방식의 차이 때문이다. 이집트의 미라들이 화학 처리를 통해 만들어진 것이라면, 이곳의 미라는 태양

열기 속에서 자연적으로 건조된 것들이다. 타클라마칸의 건조한 기후는 시신을 화학적으로 처리하지 않은 채 그냥 두어도 수분이 증발되면서 자연스레 미라가 된다. 수천 년의 세월이 지나도 살아있는 듯 부패하지 않고 유리관 속에 누워있는 미라를 들여다보며 형언할 수 없는 비애를 느낀다. 시간과 함께 모든 것이 무화되고 소멸되는 열사의 사막 속에서 육신을 온전히 간직해온 저 세월은 누란 미녀의 슬픔을 알 것인가. 유물들이야 박물관마다 거의 유사하지만 유리관 속에 넣어놓은 미라들은 신장 위구르 박물관이 아니면 보기 어려운 것들이다.

사막 한복판에서도 수세기의 번영을 누려왔던 누란국은 왜 멸망했을까. 누란 왕은 나라의 운명이 위기에 처하자 결혼동맹을 통해 당나라에 저항하기로 한다. 오드리 낙랑공주를 이웃한 사라센국의 오사마 온달에게 시집을 보내기로 하는데. 공주는 이미 당나라의 화공이었던 그레고리 호동에게 마음을 빼앗긴 상태이다. 사실 그레고리 호동은 화공이라 하지만 실은 당나라 황제의 세 번째 부인의 막내아들이다. 당나라 황제는 호동왕자에게 누란이 어찌하여 난공불락의 요새가 되었는지 알아오라는 특명을 내려 둔 상태였다.

낙랑공주와 호동은 누란의 로프노르의 호숫가를 산책하면서 갈수록 깊은 사랑에 빠지게 된다. 호동은 사랑하는 공주를 더 이상 속일 수

없어 자신의 정체와 임무를 밝히지만, 오드리 공주는 호동에 대한 사랑을 멈추지 않았고. 심지어 난공불락인 누란왕국의 비밀이 로프노르 호수에 있다는 것까지 알려준다. 로프노르 호수가 위치를 옮겨가며 요새가 되는 누란. 그 기밀을 알게 된 호동은 사랑하는 공주인 낙랑 때문에 더 큰 갈등을 겪게 된다. 공주는 나를 위하여 아버지와 나라까지도 배신하는데, 내가 호수의 비밀을 말한다는 건 사랑하는 공주에 대한 커다란 배신이라고 생각한 호동은 그 비밀을 당나라에 알리지 않는다. 그러던 어느 날, 공주가 오사마 온달에게 시집갈 것이란 소식을 듣게 된 호동은 이성을 잃고 만다. "누란을 망하게 하고, 공주의 영원한 사랑을 얻으리라"라고 결심을 굳힌 호동은 명사산 중턱에 피어 있는 신비의 양파, 오니언을 가지고 로프노르 호수로 달려간다. 오니언을 호수 가운데로 던지는 순간, 호수의 물이 점점 줄어들기 시작하고. 바로 이때 당나라 군사들이 누란을 공격해 오기 시작한다. 한편, 호수의 비밀을 넘겨준 장본인이 자신의 외동딸인 오드리 낙랑공주임을 알게 된 누란 왕은 공주에게 사약을 내리고, 그 시신을 미라로 만들어 버린다. 이러한 슬픈 사연을 누란왕국의 상징인 불탑은 바위덩이가 된채 무심히 내려다보고 있다.

이렇게 누란왕국은 모래 속으로 사라져 버리고. 그레고리 호동은 오드리 낙랑공주를 잊지 못해 명사산 부근에서 자결을 하는데, 그 이후 명사산 부근에서 피어나는 양파꽃들이 유난히 희었다고 전한다. 그것은 공주의 흰 살결과 낙랑과 호동의 순수한 사랑을 슬퍼하며 피어난 꽃이었다고 한다. 햇빛에 바래면 역사가 되고, 달빛에 바래면 전설이 된다고 했던가. 누란왕국은 전설이 되어 사라지고 누란의 오드리 낙랑공주와 그레고리 호동 사이의 슬픈 사랑은 이렇게 아름다운 이야기가 되어 남았다. 김춘수 시인은 그의 시 〈누란〉에서 사라진 누란왕국을 이렇게 노래한다.

> 그 명사산鳴沙山 저쪽에는 십년에 한 번 비가 오고, 비가 오면 돌밭 여기저기 양파의 하얀 꽃이 핀다. 봄을 모르는 꽃. 삭운朔雲 백초련白草連. 서기 기원전 백이십년, 호胡의 한 부족이 그 곳에 호戶 천오백 칠십, 구만 사천백, 승병勝兵 이천 구백 이십 갑二千九百二十甲의 작은 나라 하나를 세웠다. 언제 시들지도 모르는 양파의 하얀 꽃과 같은 나라 누란樓蘭.
>
> -김춘수, 〈누란〉 부분

시간의 흐름과 함께 모든 것은 피어났다 사라진다. 여름 내 짙푸르던 숲도, 오아시스의 누란왕국도, 죽음을 무릅쓰고 천산남로를 오르내리던 사람들도 사막의 모래바람 속에 묻히고 만다. 이 세상에는 불변도 없고 불멸도 없다. 천년의 세월이 지난 뒤에 누란의 공주는 다시 미라가 되어 세상 사람들에게 그 모습을 보여준다. 미라를 덮은 붉은 비단에 쓰여 진 네 글자, '천세불변'天世不變은 언제까지나 변치 말자는 아름다운 마음이다. 그러나 기쁨도 슬픔도 살아있는 이들의 몫일 뿐, 미라는 눈을 감은 채 말이 없고 억겁의 시간 속으로 모든 것은 흘러간다. 미라는 미라일 뿐이다. 미라와 그리고 언제 시들지도 모르는 양파의 하얀 꽃이 피는 나라. 언제쯤에야 누란왕국은 그 흥망성쇠의 사연을 세상 사람들에게 털어놓을 수 있을까. 거대한 타클라마칸은 언제까지 누란왕국의 비밀들을 모래 속 깊숙한 곳에 감추고 있을 것인가.

누란에 있는 동안 내내 나는 〈누란〉이라는 이름의 포도주의 맛에 취해 있었다. 누란의 옛 마을에서 생산된 누란 포도주의 핏빛같이 붉은 빛깔을 바라보면서 누란의 슬픈 역사를 기억했다. 그리고 그 명정酩酊을 음미하면서 사라진 누란왕국 비운의 공주와 황홀한 입맞춤을 상상했다. 누란이라는 사라진 왕국과 공주에 대한 아쉬움을 〈누란〉이라는 이름의 포도주에 오랫동안 의탁해 두고 싶었던 것이다.

쿠차의 정처없는 풍경

한락연이 46세 되던 어느 날, 석굴 조사를 끝내고 올라탄 비행기가 타클라마칸 사막으로 추락하면서 그의 천불동과 예술에 대한 지극한 사랑, 선구자적 역사의식, 서역 도굴꾼들에 대한 울분도 사막바람 속으로 사라지고 말았다.

한락연의 분노대로 석굴 안은 독일인 탐험가가 벽화가 그려진 벽 전체를 잘라내 뜯어간 약탈의 흔적으로 가득 차 있다.

쿠차의 협곡 속으로

우루무치에서 쿠차까지 가는 데는 기차로 장장 15시간이 걸린다. 북쪽으로는 천산산맥이, 남쪽으로는 타클라마칸 사막이 도열한 채 여행자를 줄곧 서역으로 서역으로 이끈다. 사막의 오아시스를 떠난 새 한 마리가 열차를 따라오다가 저 멀리 서역의 태양 속으로 날아간다. 저 아래 누군가 비석을 세워준 무덤이 있고 그 사이를 기차가 스쳐간다. 기차는 힘겨운 숨을 토해 내며 산맥을 넘는다. 황량하고 답답한 바위산들이 끝없이 이어지다가 마침내 쿠차에 도착한다.

실크로드의 오아시스에 세워진 고대 왕국 쿠차국이 있었던 쿠차는, 한나라 때는 서역노호부를, 당나라 때는 안서도호부를 두어 서역의 중심 역할을 했던 곳이다. 쿠차는 우루무치에서 카스로 가는 길 중간에 들를 수 있다. 중국인과는 전혀 다른 서구적인 외모의 위구르 사람들이 주민의 대다수를 차지하고 있어 이 도시가 중국이라고 믿기지 않는다. 쿠차는 돈황이나 우루무치 못지않은 실크로드의 중심지였다. 주로 인도와 러시아 상인들이 많이 몰려와 교역을 하였고, 특히 고구려 출신의 당나라 장수였던 고선지 장군이 이곳에서 많은 활약을 하였다. 그래서인지 불교를 일찍부터 수용해서 이곳의 각종 유적과 유물에는 불교문화의 성격이 강렬하게 나타나고 있다. 인도에서 불경을 가져온 현장법사가 2개월간 머물기도 하였는데, 당시의 경험과 이 지역 불교예술에 대하여 그는 〈대당서역기〉에서 상세히 기술하고 있다. 또한 혜초스님도 〈왕오천축국전〉에서 인도를 다녀오는 길에 이곳을 들렀다는 기록이 남아있다.

번창했던 실크로드의 영광과 달리 현재의 쿠차는 빈곤과 궁핍의 냄새가 도시 곳곳에 흐른다. 쿠차 시내의 중심가에 자리한 로타리에는 활활 타오르는 불꽃 모양의 조각이 세워져 있어 이정표 역할을 하고 있다. 그나마 낮 동안에는 사람들의 왕래가 빈번하고 제법 도시 같은 냄새를 풍기지만, 밤이 되면 사람들의 흔적이 거의 사라지고 만다. 어둠이 깃들면 가로등도 없는 쿠차 시내는 어두침침하고 간혹 자동차들이 일으키는 먼지바람이 나그네의 발길을 멈추게 한다. 어둡고 후미진 쿠차의 밤길을 걷고 있으면, 멀고 아득하게만 여겨지던 서역의 한 모퉁이에 내가 와서 이렇게 서있구나 하는 실감을 한다.

쿠차의 키질 석굴

쿠차 시내에서 서북쪽으로 약 60킬로 정도 달리면 키질 석굴에 당도한다. 쿠차에서 키질 석굴로 가는 길은 험하고 절벽으로 이어진 바위

산을 수차례 아슬아슬하게 지나야 한다. 위구르어로 '황량하다'는 의미를 지닌 초르타크 산을 지나다 보면 온통 황갈색의 바위산 밖에 보이지 않고 풀 한포기 나무 한그루 찾아 볼 수 없다. 현지인들이 무자트라고 부르는 강을 건너 작은 오아시스를 지나고 나면 키질 석굴이 나타난다. 석굴과 강 사이에는 숲이 우거져 있고 숲 사이로 조그만 수로들이 있어 물이 흐르고 있다. 이곳에는 석굴 연구소와 근무자들의 숙소가 있고, 관광객이 묵을 수 있는 보리산장이라는 작은 여관이 하나 있다. 이 여관은 연구소에서 운영하는 것인데, 석굴에서 머물며 며칠지내고자 하면 미리 예약이 필요하다. 쿠차 시내에서 머무는 것 보다 이곳에서 오아시스의 정취를 맛보면서 하루를 지내는 것도 좋을 듯하다. 석굴 안내를 맡은 분은 여느 중국인 같지 않게 친절하고 맑은 마음을 가진 젊은 미술학자로 석굴의 안내뿐만 아니라 여러 면에서 많은 도움을 주었다.

서역인들은 천불동을 키질 석굴이라 불렀다. 풀 한 포기 없는 석굴 앞 초르타크 산이 하도 붉기에 서역인들은 석굴에 키질, 즉 '붉은' 이라는 수사를 붙였다는 것이다. 키질 석굴은 무자트 강변을 따라 동서 2킬로에 걸쳐 조성되었으며 현재 236굴이 확인되고 있다. 사진과 같이 석굴은 몇 층에 걸쳐서 이루어져 높은 곳은 지면에서 100미터 이상 되는 곳도 있다. 석굴의 조성은 3세기경부터 시작되어 이후 10세기경까지 이루어졌으며, 중국의 서북지역에서 가장 오래된 최초의 천불동이다. 이후 이 지역의 다른 석굴들과 마찬가지로 이곳도 훼손이 시작되었고 특히 20세기 초 외국의 탐험대가 들어와 발굴조사를 하면서 많은 벽화들을 대량으로 떼어 그들의 나라로 가져갔다. 특히 독일인 탐험대는 1907년 1월, 128상자 분을 떼어 베를린으로 옮겨갔다고 한다.

천불동에 올라서 확 트인 전망을 살펴보면 무자트 강과 강을 따라 길게 이어진 길이 바로 실크로드의 구간이다. 가파른 바위벼랑 위에 흙집을 만들어 놓은 것 같은 천불동 입구에는 옛 학승이었던 구마라습의 동상이 나타난다. 사막의 뜨거운 열기 속에서 검게 그은 학승은 일생을 고뇌에 찬 표정으로 못다 이룬 학문과 인생에 대한 회한을 달래고 있는 듯하다.

천불동의 석굴은 동서, 그리고 안쪽과 바깥쪽의 네 곳으로 흩어져 있다. 굴의 내부에는 아름다운 벽화와 불교유물들이 가득했으나, 이곳에도 역시 서구인들의 무차별한 도굴이 이루어져 그 흔적들이 그대로 남아있다. 키질 석굴은 내부의 구조에 따라 '중심주굴', '방형굴', '승방굴' 등으로 나누어진다. 높이 10미터가 넘는 상을 조성한 '대상굴'을 비롯하여 각 굴마다 주실 벽 정면에 본존상이 안치되어 있었고, 작은 감실 속에 많은 소조상이 있었으나 대부분 파괴되어 버렸다. 벽화는 '중심주굴'과 '방형굴'에 수로 그려져 있으며 내용에 따라 '본생도', '인연설화도', 그리고 부처님의 행적에 대해 그린 '불전도' 등의 세 종류로 나눌 수 있다. '본생도'와 '인연설화도'는 주실 천장을 마름모꼴로 나누어서 그 안에 한 내용씩 그리고 있으며 비교적 보존 상태가 좋은 편이다. 이러한 장식적인 마름모꼴의 형식 안에 그림을 그린 것은 다른 지역의 석굴에서는 보이지 않는 쿠차 지역 특유의 것으로 여겨진다. 천장의 벽화에는 코발트색과 녹색이 아주 선명하게 남아 있으며 같은 색을 겹치지 않게 배열하여 장식적인 효과도 뛰어났다. 보살과 비천의 모습에서는 인도나 그리스의 영향이 농후하였다.

여러 동굴들 중에서도 특히 인상에 남는 곳은 제8굴, 제17굴, 제38굴, 신1굴 등이다. 제8굴은 7세기경의 조성으로 통로 양쪽에 열여섯 무사가 검을 가지고 있는 장면이 이채로웠다. 제17굴은 3세기경의 조성으로 키질 석굴에서 가장 오래 된 것으로 여겨지며 '보살천정굴' 로도 불린다. 제38굴은 3세기에서 4세기경에 조성된 것으로 쿠차의 음악연주와 악기들이 그려진 곳이다. 그래서 이굴은 '음악굴' 로도 불린다. 마지막으로 신1굴은 1973년에 발견되었으며 7세기경에 조성된 것으로 보인다. 특히 이 굴의 후실 통로의 낮은 천장에는 4구의 거대한 비천상이 완벽하게 남아 있다.

석굴 10호굴 한쪽에 조선족 화가 한락연韓樂然을 기리는 공간과 자화상이 있다. 벽면에는 한락연이 키질 석굴을 조사했다는 내용을 새겨 놓고 있으며 책으로 만들어 서점에서 팔고 있다. 한락연은 용정 출신의 프랑스 유학을 한 화가로 1946년과 1947년 두 차례에 걸쳐 키질 석굴에 와서 조사, 모사, 석굴의 번호 붙이는 작업 등을 하였다. 20세기 초 서구 열강들이 앞 다투어 곤충채집하듯 벽화를 뜯어가 폐허로 변한 천불동의 석굴을 끝끝내 사랑하고 보살폈던 사람이다. 한락연이 46세 되던 어느 날, 석굴 조사를 끝내고 올라탄 비행기가 타클라마칸 사막으로 추락하면서 그의 천불동과 예술에 대한 지극한 사랑, 선구자적 역사의식, 서역 도굴꾼들에 대한 울분도 사막바람 속으로 사라지고 말았다. 한락연의 분노대로 석굴 안은 독일인 탐험가가 벽화가 그려진 벽 전체를 잘라내 뜯어간 약탈의 흔적으로 가득 차 있다.

석굴을 이동하는 동안 이리저리 뛰어다니다시피 해 다리가 아프고, 종일 천장의 벽화를 올려다보느라 목이 뻣뻣해왔지만 벽화의 모습에 매료되어 피곤한 줄 몰랐다. 약탈자들의 눈에 띄지 않아 무사히 남은 벽화들은 멀리 한반도에서 온 이방인에게 묻혀 있던 진실을 들려준다.

흘러간 역사는 돌아오지 않고

키질석굴을 나와 인근에 있는 키질봉화대로 간다. 흙으로 쌓아올린 약15m 정도의 2,000년 된 봉화대이다. 이 넓은 대륙에 이런 봉화대가 얼마만큼씩 서로 떨어져 통신을 주고받았을까? 화살로 불을 쏘아서 올렸다는 가이드의 설명에도 여러 가지 의문이 해소 되지 않는다.

스바시 고古불교유적지로 간다. 멀리서 보니 불상 앉았던 흔적이 보일 뿐 무너지고 낡아서 규모나 형태를 알 수가 없다. 서탑에 올라가 내려다보니 생각보다 멀리까지 보인다. 넓은 강이 있었던 흔적을 보니 적어도 천 년 전에는 사막이 아니었을 것이라는 생각이 든다. 유적지 입구를 빠져 나오니 '역사불가역전歷史不可逆轉, 문물불가재생文物不可再生' 이라고 쓰진 낡은 팻말이 보인다. 그렇다. 역사는 흘러가지만 승자 편에 서서 흘러가고 한번 가면 바꿀 수 없다. 패자들의 흔적은 이렇게 쉽게 무너지고 사라질 뿐이다. 흔히 역사를 과거와 현재의 끊임없는 대화이며, 전통은 과거로부터 현재로 내려오는 것이라고 한다. 과거가 현재로 재탄생한다는 뜻이다. 낡은 팻말에 쓰인 말은 역사와 전통에 대한 아이러니한 감흥을 던져 준다. 분명히 이 땅의 주인은 한족이 아닌데 지금 이 땅의 주인으로 행세하고 있고, 소중한 역사와 전통마저도 한족이 중심이 되어 자의적으로 해석되고 있지 않는가. 흔히 약육강식의 논리는 동물세계의 질서라고 이야기 하지만, 사실 이 논리는 인간이 만들어낸 논리이고 인간들의 삶의 방식이다. 흔히 TV에서 보듯이 아프리카 대륙에서는 많은 다양한 동물들이 서로 어우러져 살고 있다는 것은 신기하다. 수많은 맹수들이 득실거리고 있는데 어떻게 연약한 동물들이 그 맹수들과 공존하며 자기생명을 보존할 수 있을까. 약육강식의 논리로만 생각하면 이해할 수 없는 일이다. 그러나 힘센 동물이라고 해서 약한 동물들을 닥치는대로 다 먹어치우지는 않는다. 그들은 자기생명을 유지하는데 필요한 식량만 약한 동물들로부터 얻어낼 뿐이다. 이것이 맹수들의 지혜로운 삶의 논리이다.

그러나 인간들은 필요하건 필요하지 않건 약한 것에 대한 지배욕망을 끝없이 지니고 산다. 그래서 가능하면 모든 것을 다 소유하고자 한다. 인간에게 세계는 모두 지배가 아니면 방어의 대상이나 수단이다. 그래서 인간이 사는 땅위에서는 수탈과 싸움이 그치지 않는다. 평온하게 쉬고 있는 듯한 인간도 결국 쉬는 것이 아니고 다음 싸움을 위한 준비기간 일 뿐이다. 약육강식의 논리는 인간세계에서만 적용되는 욕망의 논리인지 모른다. 키질석굴의 참담했던 도굴 현장을 둘러보고 난 뒤, 더욱 그러한 생각이 들었다.

타클라마칸의 달

사막은 완벽하게 비어 있는 공간이다. 공空의 상징인 이 여백을 찾아 사람들은 사막으로 오는 것 아닌가. 황량한 여백의 공간에서 몸과 마음을 비우고 또 비워 더 충만한 영혼으로 거듭나기 위해, 힘겨운 사막의 여정을 오가는 것 아닌가. 죽음으로도 메우지 못하는 이 막막한 공간을, 모래바람 속을, 사람도 낙타도 걷고 있는 것 아닌가. 이글거리는 태양 속을 걸어갔던 대상들, 탐험가들 역시 구도자들의 고행 길에 다름 아니었다.

돌아올 수 없는 사막

쿠차에서 한 시간 정도 자동차로 달리다보면 룬타라는 작은 마을에 도착하게 된다. 타클라마칸 사막으로 들어가는 입구의 마을이다. 큰 도로 앞에는 '타림사막공로' 라는 안내판이 아치모양으로 커다랗게 서 있다. 안내판 위에는 깃발들이 바람에 거칠게 나부끼고 있다. 비가 올 듯 날씨가 잔뜩 흐리다. 오늘은 민풍까지 526km의 먼 길을 가야 하는데 출발부터 날씨가 좋지 않아 걱정이다.

출발한지 채 10분도 되지 않아 자동차는 사막길로 접어든다. 사막공로 양편에는 무릎 정도 되는 나무를 몇 줄 심고 검은 호스로 물을 대

는 장치가 되어있다. 관리를 위해 5km마다 수정방水井房이라는 초소를 지어 놓았는데, 집집마다 번호가 붙어 있다. 금새 초원이 아득하게 펼쳐지고 초원 저편에 양떼들과 낙타의 모습이 보이기 시작한다. 간혹 마을이 나타나기는 하지만 사람보다는 양들과 낙타들이 더 많이 보이고, 이내 광활한 모래사막이 시작된다. 또다시 가도 가도 끝이 없는 모래사막이 이어진다.

거칠게 불어대는 사막의 바람에 잔물결 일듯 아름다운 모래무늬가 만들어진다. 고운 모래밭이 끝없이 이어진다. 나른하게 드러누운 나신의 여인 같기도 하고, 수 천 년 역사를 지닌 모래 왕국의 왕릉 같기도 하다. 아무리 바람이 불어도 그냥 지나갈 수가 없어 무장 강도처럼 마스크를 쓰고 수건으로 얼굴을 감싸고 차에서 내린다. 신발을 벗어버리고 맨발로 비단결 같은 모래밭을 걷고 또 걷는다.

오랫동안 잘 알려져 있지 않았던 이곳 타클라마칸은 지도나 여행기 속에서 여러 이름으로 불리어왔다. 시대에 따라 유행하던 명칭으로 중국령 타타르, 고지대 타타르, 중국령 투르키스탄, 동투르키스탄, 중국령 중앙아시아, 카쉬가리아, 세린디아, 신강 따위가 있다. 신장위구르 자치구의 서쪽, 타림분지에 형성되어 있는 타클라마칸 사막은 총면적 약 37만km , 동서 1000km, 남북 500km에 이르는 세계에서 두 번째로 큰 사막이다. '타클라마칸' 이란 위구르어로 '한번 들어가면 나오지 못하는 땅' 이라는 의미를 갖고 있으며, 중국어로는 '타커라마간' 으로 불린다. 한여름에는 기온이 70~80℃까지 치솟는 전형적인 사막 기후를 나타내는데 사막의 북쪽으로는 천산 산맥, 북동쪽으로는 투루판 분지, 남동쪽으로는 아얼진 산맥, 남쪽으로는 곤륜산맥이 둘러싸고 있다. 412년, 실크로드를 따라 인도에 다녀왔던 동진 시대의 법현 스님은 작열하는 타클라마칸 사막을 지나며 이런 말을 남겼다. "사막에는 원귀와 열풍이 심해 이를 만나면 모두 죽고 만다. 위로는 나는 새 한 마리 없고, 아래로는 달리는 짐승도 없다. 어디로 가야 할지 막막하여 사방을 둘러보면 언제 죽었는지 모를 해골만이 길을 가리키는 이정표가 되어준다."

이 사막의 모래먼지는 타클라마칸의 깊은 내지에서 저 멀리 한반도 까지 날아갈 것이다. 그래서 황사가 자욱하게 내린 광화문의 뒷골목을 걷는 어느 사람은 타클라마칸 사막으로부터 날아온 사막의 바람을 호흡하게 될 것이다. 나는 가파른 사구砂丘를 올라온 낙타의 슬픈 눈빛과 고단한 입술을 바라본다, 그리고 이 사막의 아득한 부피와 깊이에 절망하는 순례자의 눈빛을 생각한다. 사막에서의 공간은 오직 인간의 내면뿐이다 지평선이 하늘과 맞닿은 경계로 달려가며 죽은 이의 육신은 물론 영혼도 보내지 않는다는 타클라마칸 사막! 여기에서의 순례란

길을 찾는 것이 아니라 길을 잃는 것일 것이리라. 길의 끝을 찾는 것이 아니라 길의 시작에 서있는 것일 뿐이리라. 연기처럼 일어나던 먼지들은 사막 위에서 꿈결 같이 가라앉는다. 태양이 지나간 타클라마칸의 하늘에는 무덤처럼 달이 떠오르고 있었다.

달빛 속의 사막

사막의 아득한 지평선에 어느새 황혼이 다가오고 있다. 이제 둥글고 찬란한 달이 타클라마칸을 비추게 될 것이다. 달빛 가득한 사막 한가운데로 낙타가 걸어가고 있다. 무거운 몸을 이끌고 힘겹게 사구를 올라간다. 발을 옮길 때마다 달빛에 흩어지는 모래 소리, 아득한 시간 속에 흩어지는 모래 소리가 들린다. 사막은 완벽하게 정체되어 있다. 달빛은 사막의 모래 위에 아교처럼 끈끈하게 입혀진다. 달빛을 밟는 낙타의 그림자만 느릿느릿 움직인다. 억겁의 시간이 모래언덕의 굴곡으로 드러나고, 낙타는 발밑을 내려다보며 하염없이 걸음을 옮겨 놓을 뿐이다. 돈황을 지나 왔는가, 누란을 지나 왔는가, 가도 가도 끝없는 공허 속, 서역 삼만 리의 길을 낙타는 타박타박, 제 발자국 소리로 메워간다. 이 사막에서 죽어간 사람들은 얼마이며, 모래바람과 함께 사라진 사람은 또 얼마인가. 모래 미끄러지는 소리가 나지만 낙타는 아랑곳없이 한 발자국, 한 발자국 떼어 놓는다.

사막의 밤이 아름다운 것은 어두운 하늘에 흩뿌려져 있는 별과 찬란하게 떠오르는 달 때문이다. 그것은 사막이기에 더욱 빛나고 아름다운 것 일 수 있다. 은빛으로 비추는 사막의 달은 외로운 영혼을 황홀하게 한다. 모래언덕은 기다란 그림자를 드리우고 잠들어 있다. 고독은 빛을 발하고…

사막은 완벽하게 비어 있는 공간이다. (空)의 상징인 이 여백을 찾아 사람들은 사막으로 오는 것 아닌가. 황량한 여백의 공간에서 몸과 마음을 비우고 또 비워 더 충만한 영혼으로 거듭나기 위해, 힘겨운 사막의 여정을 오가는 것 아닌가. 죽음으로도 메우지 못하는 이 막막한 공간을, 모래바람 속을, 사람도 낙타도 걷고 있는 것 아닌가. 이글거리는 태양 속을 걸어갔던 대상들, 담험가들 역시 구도자들의 고행 길에 다름 아니었다. 그렇다면 나는 왜 다친 다리를 절룩대며 이 사막에 왔는가. 프랑스의 시인 보들레르가 이야기하듯이 걸어야 한다는 어떤 필요에 의해 떠밀려 걷고 있을 뿐이다.

막막한 잿빛 하늘 아래로 길도, 잔디도, 엉겅퀴 한 포기, 쐐기풀 한 포기도 없는 먼지투성이의 황량한 평원에서 등을 구부려 걷고 있는 한 무리의 인간들을 나는 만났다.

나는 이들 중 한 사람에게 질문을 보냈다. 그렇게 하고 그들이 대체 어디로 가고 있는지를 묻자 그는 아무 것도 모른다고 대답했다. 그뿐 아니라 그들 중 다른 누구도 모른다는 것이다. 그러나 분명 그들은 어디로인가 가고 있다는 것이다. 걸어야 한다는 어떤 확실한 필요에 의해 떠밀리고 있으니까.

–보들레르, 〈각자 자신의 쉐메르를〉의 일부

그랬다. 사막에서 우리란 없다. 너와 나는 제각기 갈 길을 갈 뿐이다. 아무도 가르쳐주지 않는 길을 저 사막의 별자리를 보고 달빛을 따라 너는 너의 길을, 나는 나의 길을 갈 뿐이다. 다른 동물들은 모두 땅을 쳐다보게 되어있다. 그런데 유독 인간만이 하늘의 별과 달을 쳐다볼 수 있는 얼굴을 가지고 있다. 이 얼마나 다행한 일인가. 이정표는 자꾸 내게 어디 가느냐고 묻는다. 나는 붉게 물든 달을 쳐다보며 걷는다. 달은 제 빛이 발이고 이정표다. 달과 별이 제 갈 길을 가듯이, 나는 구만리 청천길을 서역만리 사막 길을 걸어가고 있을 뿐이다. 밤을 꼬박 새고 나면 새벽이 오고 또 새날이 밝아오겠지.

새벽은 밤을 꼬박 지샌 자에게만 온다.
낙타야,
모래 박힌 눈으로

동트는 지평선地平線을 보아라.

바람에 떠밀려 새날이 온다.

일어나 또 가자.

사막은 뱃속에서 또 꾸르륵거리는구나.

지금 나에게는 칼도 경經도 없다.

경經이 길을 가르쳐 주진 않는다.

길은,

가면 뒤에 있다.

단 한 걸음도 양보하지 않는 걸음으로

그러나 너와 나는 구만리九萬里 청천靑天으로

걸어가고 있다.

나는 너니까.

우리는 자기自己야.

우리의 마음의 지도地圖속의 별자리가 여기까지

오게 한거야

-황지우, 〈나는 너다〉

낙타를 위한 첼로 연주

넓고 아득한 실크로드의 한 가운데에 서 있으니, 적막과 고요가 엄습한다. 사막은 비어 있는 공간이면서 또 한편 가득 차 있는 공간이기도 하다. 그리하여 삶을 생각하다 죽음을 생각하고, 순간을 생각하다 영원을 생각한다. 이 초월의 장소에서 모든 것이 죽고 사라지면 궁극에는 근원으로 되돌아간다. 모래바람에 찌든 자아는 정화되고 우주 끝 어떤 행성에 홀로 서 있다는 신비스러움에 머리카락이 쭈뼛 솟는다. 내면의 수많은 속삭임과 사막이 내뿜는 침묵의 소리는 인간의 언어로 표현하기 힘들다. 필립 느와르 감독의 영화 〈사강의 요새〉에서 주인공 사강은 삶의 권태를 이기지 못하고 프랑스령 사하라로 떠나온다. 그는 서슴없이 말한다. "세계 최초로 낙타를 위한 연주를 하기 위해 사막으로 왔다고…" 사막이 우리에게 들려주는 소리는 바이올린의 고음이 아니라 첼로의 은근하고 깊은 심연의 세계이다.

오랜 옛날부터 수도자들은 사막에 수도원을 세웠고 은자들은 이 사막에 동굴을 파고 은둔하며 세계와 자신의 영혼을 정화시켰다. 예수도 광야에서 40일 간을 금식하며 기도하였다. 오래전 보았던 〈고백〉이라는 영화에서 나오던 대사가 떠오른다. "신은 사랑하는 사람에게 세상의 행복을 주지 않는다. 도리어 사막과 같은 지극한 고통과 고독을

맛보게 하고 그 속에서 신과의 관계를 정립시키고 깨달음을 얻게 한다." 그렇다. 신은 인간에게 모든 것을 한꺼번에 주지는 않는다. 이 세상의 모든 행복을 한손에 다가진 사람이 존재할 수 있을까. 그리고 이 세상의 모든 고통을 다 짊어진 사람이 있을까. 행복과 고통, 그것은 동전의 양면과 같은 것이어서 우리가 모두 극복해야 할 대상이고 생각하기에 따라 양면적인 것은 아닐까.

타클라마칸의 도로를 끝없이 달려 지평선 위로 태양이 이글거리며 타들어 갈 즈음이면 오아시스가 그립게 된다. 오아시스 마을은 아주 독특한 분위기를 보여준다. 사람들을 가득 태운 경운기와 당나귀차가 보인다. 거리에 가만히 서있노라면 마치 옛날 무성영화를 보는듯한 느낌이 든다. 어린이가 자동차를 운전하기도 하고, 대여섯 살 정도의 아이가 온갖 짐들과 또래 아이들, 더 어린 아이들을 태우고 당나귀를 몰며 지나가기도 한다. 간혹 이방인에게 싱긋 미소 지으며 인사를 한다. 길게 땋은 머리끝에 댕기를 단 여자 아이들도 자세히 보면 참 예쁘다. 오아시스 마을에 도착하면 기다리던 샘이 나온다. 사막이 아름다운 건 어딘가에 샘을 숨기고 있기 때문이라고 '어린왕자' 는 말했다. 그렇다. 사막이 아름다운 이유는 어딘가에 오아시스를 품고 있기 때문이다.

그러나 사막은 오아시스를 쉽게 보여주지 않는다. 힘겹게 만나게 되는 오아시스의 물은 마실수록 갈증을 더한다.

역사와 문명이 소통하고 대상 행렬이 이어지던 타클라마칸 사막은 이제 더 이상 신기루가 뜨는 몽환의 길이 아니다. 사막과 고봉준령으로 사람의 발길을 막아서던 과거의 길도 아니다. 중국 정부는 타클라마칸을 포함한 서부지역을 개발하려는 장기 계획을 세웠다. 북경에서 우루무치까지 관광객을 유치하고 석유를 파먹기 위한 고속도로와 철로를 뚫었다. 1992년 착공한 총길이 530km의 공로가 시원스레 뚫린 타클라마칸 사막은 '돌아올 수 없는 죽음의 사막' 이 아니라 황금의 땅이 되었다. 그러나 이방인의 마음속 실크로드에는 여전히 대상들의 낙타 방울소리가 은은하게 울리고 모래먼지가 흩날린다.

구도자가 가는 길

끝없이 이어지는 사막의 광대함과 넓이 속에서 나는 머리를 숙이고 많은 것을 깨닫고자 한다. 사막을 만날 수 있었던 것은 축복이었다.

한평생 세상의 모든 도시와 사람을 다 만나 볼 수는 없지만 이처럼 넓고 깊은 새로운 삶의 공간 속에서 낯선 언어를 사용하는 낯선 사람들과 교유할 수 있다는 것은 얼마나 큰 축복인가.

민풍의 구도자

한 시간 정도 후면 사막도시 민풍에 도착한다. 차창 밖으로 내다보니 집 한 채 없는 허허벌판 길에 한 사람이 무슨 구도자 같은 모습으로 걸어간다. 흡사 눈에 보이는 가시의 세계에서 저 멀리 불가시의 경계를 넘어서 어딘가 거주할 장소를 찾아 가는 듯하다. 하나의 물방울이 강물로 모이고, 또 강물이 바다로 나아가듯이 구도자는 어딘가로 걸어가고 있다. 저 구도자는 '어디로 가는 것일까?'

셰익스피어는 "시인의 눈은 광기에 가까운 황홀 속에서 부릅뜬 채 하늘에서 땅으로, 땅에서 하늘로 향해져 있다. 그리고 상상력을 통해, 이때까지 사람들한테 알려져 있지 않던 것에 모양을 줌과 동시에 펜으로 그 모습을 그려낸다. 즉 공기처럼 보이지 않던 것들에게 살 장소와 이름을 나누어 준다" 고 말하였다. 여행이란 낯모를 그리움을 위한 동경이다. 그래서 여행을 떠나고자 하는 마음은 시인의 마음과 닮아있다. 일생을 불안과 고통으로 산 철학자 키르케고르는 "시인이란 무엇인가. 그 마음은 남모르는 고뇌에 괴로움을 당하면서도 그 탄식과 비명이 아름다운 음악으로 바뀌게 하는 입술을 가진 불행한 인간이다" 고 했다.

그 어떤 대상을 내가 소유하고 있다면 그리워할 필요가 없다. 원하지만 취할 수 없기 때문에 시인과 여행자는 시종일관 '그리움' 이란 단어에 집착하고 있다. 오랜 세월 물방울이 모여 시내가 되고 강물이 모여 바다가 되듯이 그리움의 시간도 길다. 달이 되어 나그네의 마음을 밀물과 썰물처럼 밀고 당기는 그대, 그대와의 사랑을 이룰 수 없어 나는 언제나 불행하다.

저녁 9시가 되어 모래 먼지로 우중충한 작은 도시 민풍에 도착한다. 민풍의 고도는 1407m이다. 사막 한가운데에 위치한 도시답게 시내 곳곳에 모래먼지가 날리고 건물에는 희뿌연 먼지가 덮여있다. 숙소인 호텔도 마찬가지다. 호텔에 들어갈 때 종업원 아줌마가 열심히 걸레질을 하는 듯 했는데, 외출할 때 보니 금세 현관 부근이 뿌옇다. 식당에 들어가도 온통 모래투성이다. 모래가 씹혀 대충 먹고 숙소에 들어가도 역시 모래먼지가 가득하다. 사막의 한가운데에 이런 호텔이 있는가 할 정도로 괜찮은 호텔이었지만 더운 물이 나오지 않아 프론트에 문의했더니 더운 물이 시간제로 나온다 한다. 사막에 물이 풍부할리 없는지라 전혀 이상하지도 않다. 종일 입고 있던 옷가지에서는 모래와 먼지가 한없이 쏟아져 나온다. 사막을 관통하면서 얻게 된 부산물들이다. 넓은 하늘과 벌판, 사막과 모래바람. 이들은 모두 장엄한 자연의 모습이다. 그 웅대한 자연의 부산물로서 나의 옷깃에 묻어온 사막의 모래와 먼지들을 털어내면서도 왠지 이들이 성가시지만은 않다.

저녁식사를 마치고 호텔 근처의 선술집에 자리하고 앉았다. 횔덜린은, "시인은 거룩한 밤에 이 나라 저 나라를 돌아다니는 주신酒神의 거룩한 사제들"이라고 말한 적이 있다. 때로는 시간의 얽매임에서 해방되게 하고 때로는 지독한 사랑의 포로가 되게 하는 술, 그러나 시간의 유장한 흐름과 그 시간의 흐름을 잊게 하는 도취는 실상 얼마나 무서운 것인가. 또 명정의 상태는 그동안 얼마나 많은 사람들을 죽음에 대한 인식에서, 삶에 대한 집착에서 해방을 부여해주었던가. 비록 다정한 벗은 곁에 없다고 해도 아름다운 경치가 있는 곳에 이르렀으니 어찌

한잔 술이 없을 손가. 술기운이 혈관 속을 뛰어다닐 즈음 낮에 보았던 구도자의 모습이 자꾸 눈앞에 어른거린다. 오랜 여행에 몸과 마음이 고단해오고 나그네의 여수가 뼈 속까지 사무쳐 오는 듯하다. 혜초는 여행길의 쓸쓸함과 고단함을 다음과 같이 표현한다.

달밤에 고향 길을 바라보니
구름장이 그쪽으로 뭉게뭉게 사라지네
그 구름 편에 편지라도 부치려 하나
급한 바람소리에 말조차 들리지 않네
하늘 끝 북쪽에 내 나라두고
서쪽 땅 끝나는 나라에 와 있네

남쪽은 따뜻하다고 기러기 오지 않으니
누가 옛 숲을 향해서 나라가 소식을 전할까
－혜초, 〈왕오천축국전〉 일부

혜초는 그 머나먼 길을 걸어서 마침내 깨달음의 경지에 이르렀지만 나의 여행길은 좀처럼 어떠한 각성에도 이르지 못하고 있다. 어찌 혜초와 같은 깨달음의 경지에 이를 수 있겠는가만, 그렇다고 이 여행길이 막연한 '방랑' 에 불과한 것은 아니다. 이렇게 헤매고 다닌다고 해서 길을 잃은 것은 더더욱 아니다.

끝없이 이어지는 사막의 광대함과 넓이 속에서 나는 머리를 숙이고 많은 것을 깨닫고자 한다. 사막을 만날 수 있었던 것은 축복이었다. 한평생 세상의 모든 도시와 사람을 다 만나 볼 수는 없지만 이처럼 넓고 깊은 새로운 삶의 공간 속에서 낯선 언어를 사용하는 낯선 사람들과 교유할 수 있다는 것은 얼마나 큰 축복인가. 몇 해 전, 내 삶의 공간 속에 하나의 각성으로 다가왔던 사하라 사막과의 만남, 그 축복 이후에 지금 타칼라마칸 사막의 여행은 또 다른 축복이었다. 저 사막의 텅빈 충만, 사막은 언제나 텅빈 가운데에도 무언가로 가득 차 있다. 우리가 가지고자 하는 세속의 모든 것들, 우리가 사력을 다해 채우고자 하는 것들, 그러나 아무리 채워도 채워도 텅빈 우리들의 마음…

이제 다시 일상의 삶으로 돌아가서 나는 무엇을 하고 살아갈까. 저 위선으로 가득 찬 세계의 편협한 공간 속에서 아득바득대며 또 얼마나 많은 것들에 상처받고, 속임을 당하고, 마음을 빼앗기며 신음할까. 또 얼마나 많은 거짓말을 하며, 진정을 다하지 못하며 혼돈 속에서 허우적거릴까. 이 대지가 나에게 가르쳐 준 것들을 다 잊어버리고 얼마나 많은 허위와 위선 속에서 살아갈 것인가. 나는 다짐한다. 저 광대한 사막의 가르침을 잊지 말기를, 그리고 남은 삶의 한 순간 한 순간에 최선을 다하기를…

호탄의 비단 짜는 여인들

이른 아침 식사를 마치고 호탄으로 출발한다. 330km정도의 거리라고 하니 적어도 5시간 이상이 걸릴 것으로 예상된다. 민풍을 벗어나니 금세 다시 사막이 시작된다. 두 시간 정도를 달리고 나니 우전于田이라는 회교도 도시가 나온다. 창밖으로 다시 사막이 끝없이 이어진다. 사막이라도 다 같은 게 아니고 시간과 지나가는 장소에 따라 다양하고 변화무쌍하게 전개된다. 지금 나는 바다와 같이 아득하게 펼쳐진 사막의 중심을 뚫고 가고 있다. 내가 탄 버스가 광대무변한 우주의 중심 중심이라는 생각이 든다.

점심식사 후 출발한지 얼마 되지 않아 화력발전소가 나타난다. 발전소로부터 기나긴 사막을 전봇대가 이어가며 그곳을 통하여 전기가 전달되는 듯 했다. 어떻게 이 사막에 저렇게 기나긴 전봇대의 행렬이 이어질 수 있을까. 중국에서가 아니고는 상상할 수 없는 일이다. 화력발전소를 떠난 지 30분도 안되어 호탄에 도착한다. 민풍을 떠나 300km 이상을 달려온 것이다. 호탄은 신장자치구 최 변방에 자리 잡은 오아시스 도시이다. 우루무치에서 2000km, 밤낮으로 달리는 직행버스를 타고 타클라마칸 사막을 종단해도 이틀이 걸리고, 카스를 거치면 족히 삼일을 잡아야 한다.

중국의 여느 도시와 마찬가지로 호탄 시내에서도 모택동 동상을 볼 수 있다. 동상을 지나 호탄박물관에 들른다. 큰 솥이 중앙현관에 있다. 청나라 때 동으로 만든 것인데 1,000명이 먹는 밥을 지을 수 있다고 한다. 솥 하나에도 중국의 대인의 모습이 그대로 나타난다. 솥 테두리에 아랍어가 새겨져 있는데 '밥을 먹고 이 가마를 만든 사람을 잊지 말라' 는 내용이라 한다. 박물관 안에는 호탄의 독특한 무늬인 기하학적 빗금이 쳐진 실크를 만드는 틀이 있고 아가씨들이 실크를 팔고 있다. 옥을 파는 곳도 있다. 호탄은 옥玉의 도시이다. 곤륜산맥의 눈 녹은 물은 호탄에 기름진 들판을 만들었을 뿐 아니라, 흘러내려오는 강물은 아름다운 구슬 연옥을 만들었다. 호탄의 연옥은 세계 최고의 품질을 자랑한다. 그러나 호탄을 유명하게 만드는 것은 연옥이 아니라 비단이다.

기원전부터 중국의 서역 경영은 창과 칼로 이루어졌지만, 수많은 오아시스 소왕국을 무력으로 다스리는 데에는 한계가 있었다. 중국의 황실은 수많은 후궁들로부터 얻은 공주들을 오아시스 왕국의 왕에게 시집을 보내어 혈연관계를 맺음으로써 그들과 유화책을 유지했다. 5세기, 중국의 공주는 두 번 다시 못 볼 왕과 가족들에게 작별인사를 하고 머나먼 호탄왕국으로 떠났다. 떠난 지 한 달 만에 간쑤 성 변방 돈황에 도착하여 낙타를 타고 사신들과 함께 곤륜산맥을 따라 타클라마칸으로 이어진 서역남도를 지나며 공주는 펑펑 눈물을 흘렸다. 돈황을 떠난 지 다시 한 달 만에 우전국이라 불리는 서역남도 최대의 오아시스왕국 호탄에 닿았다. 공주는 호탄왕이 마련해둔 호화로운 왕궁으로 들어가자 문을 잠그고 눈물자국도 마르기 전에 입가에 미소를 띠며 높이 말아 올린 머리를 풀었다. 머리카락 속에서 뽕나무 씨와 누에고치가 나왔다. 700년 전 마르코 폴로의 기록에 의하면 "호탄왕이 비단의 비밀을 알기 위해 중국왕실에 결혼을 요구하며 어린 공주에게 사신을 보냈는데, 비단 만드는 법과 누에알, 뽕나무 씨를 머리 장식에 감추어 들여왔다"는 내용이 나온다. 1500여 년이 지난 지금도 비단은 여전히 옷감의 제왕이지만, 기계화·자동화되어 대량 생산되고 있기 때문에 더 이상 금값은 아니다. 그러나 아직도 호탄에서는 중국공주가 가르쳐준 방식 그대로 고치를 가마솥에 삶아 물레로 실을 뽑고 덜그럭 덜그럭 나무베틀로 비단을 짠다. 그야말로 '지구상에서 유일한 수제 비단' 이다. 그렇기 때문에 호탄의 비단은 세계 제일의 비단으로 알려져 있다.

기원전 1세기, 그리스를 합병하고 지중해를 석권한 로마에 머나먼 중국으로부터 신비로운 옷감이 들어와 로마인들을 매혹시킨다. 그때까지 투박한 아마포와 면 그리고 양모가 옷감의 전부라고 생각한 로마인들에게 황홀한 촉감과 유연한 질감, 천상의 빛처럼 은은한 광채를 뿜는 가벼운 천이 나타난 것이다. 비단은 옷감의 질도 황홀하거니와 미지의 원산지에 대한 호기심은 로마인들에게 신비감을 더해 주었다. 비단은 만년설이 덮인 산을 넘고 실크로드를 지나 로마까지 왔지만 중국과 로마는 서로의 실체를 몰랐다. 더욱이 페르시아 왕국이 실크로드를 강력하게 차단하고 중계무역을 하면서 중국과 로마의 직접교역을 막았던 것이다. 불의 사막을 지나고 파미르 고원을 건너 어렵게 어렵게 로마에 도착한 비단은 금값에 비견될 정도였다. 로마와 교역했던 호탄의 비단이 세계적인 명성을 얻은 것은 당연한 일이다.

그래서 호탄에 가서 빠뜨리지 말고 들러야 할 곳이 수작업 실크공장이다. 호탄에서 동쪽으로 3km, 북쪽으로 8km 지점에 있는 지야시앙이라는 작은 마을에 '아틀라스 실크' 라는 수작업 공장이 있다. 그곳에서는 세계 최고라는 호탄 비단의 명성을 지키기 위해 오늘도 물레에서 한올 한올 실을 뽑아낸다. 비단과 옥이 등장하는 호탄의 일요시장은 언제나 왁자지껄하다. 가난하지만 순박한 시골 장터는 피곤한 나그네에게 언제나 활기찬 볼거리를 제공한다.

카스에서 만난 향비

아마 위그르인들은 향비를 통해 민족적 자존심을 드러내고 싶었을 것이고, 그 욕망은 아직도 지속되고 있는 듯하다. 향비에 대한 설명을 들으며 향비묘를 둘러보니 마치 인도의 타지마할을 보는 듯하다. 죽음으로 지킨 사랑, 그 일편단심을 후세 사람들이 아무리 사모한들 사자에게 무슨 의미가 있을까.

카스의 바자르

위구르어로 '여러 가지 색깔의 집' 이라는 뜻인 카스(위구르 발음으로는 카슈가르)는 실크로드에 있는 주요 도시 중 가장 서쪽에 위치한다. 인류 역사상 가장 강대한 국가 중의 하나였던 몽골 제국의 출현으로 그 영향력 하에 놓이게 된 카스는 현재 200만 인구로 구성되어 있다. 그 중 90 퍼센트는 위구르 족과 우즈베크인이 차지하고 있고 나머지는 10여개의 소수 민족으로 구성된다. 파키스탄, 아프가니스탄, 타지키스탄, 카자흐스탄, 인도의 국경과 접해 있는 지리 조건 덕에 무역의 중심지로 각광받는 곳으로, 엄청난 규모의 바자르가 여행자들을 즐겁게 한다. 2000여년 전 큰 부를 꿈꾸던 상인들이 오가던 실크로드의 중간 기착점이다. 그래서 사람들은 '이곳을 빼고서는 실크로드를 들먹이지 마라' 는 이야기까지 한다. 또한 신장지구에서 유일하게 전천후 농사를 지을 수 있는 곳이니 이래저래 카스에는 많은 사람들이 모여드는 것이 당연하다. 카스 시내를 다니다보면 위구르족이 전 인구의 90% 이상을 차지하기 때문인지 중국이라는 느낌이 전혀 들지 않는다. 카스는 중국에서 차도르를 쓰고 길을 걷는 이슬람 여인을 볼 수 있는 유일한 곳이며 도시 한 가운데에는 키가 100m나 되는 모택동 동상이 서 있는 인민광장이 있다.

이슬람 신도들이 예배를 드리는 장소인 청진사淸眞寺를 보러갔다.

청진사는 신강자치구에서 가장 큰 사원이라고 하는데, 반바지나 짧은 팔 옷을 입으면 입장할 수 없다. 이슬람교도들이 대부분이라 길거리에는 머리부터 발끝까지 시커먼 머플러를 뒤집어쓰고 다니는 여자들이 종종 눈에 띤다. 청진사 안에 들어가니 예배시간이 아니어서인지 사람은 별로 없다. 벽에는 현재 시각을 알리는 시계와 예배시간을 알리는 시계가 걸려 있고, 예배를 주관하는 아홍(위구르족 이슬람 승려)이 앉는 의자와 큰 카펫이 깔려 있다.

청진사에서 나와 위구르 시장 거리를 구경한다. 우파르(Wupar) 시장은 실크로드를 오가던 대상들이 고비사막을 눈앞에 두고 잠시 목을 축이고 갔다는 곳이다. 시장거리에는 과일가게, 푸줏간, 대장간 등이 즐비하게 늘어서 있어 우리나라 옛날 장터를 연상시킨다. 시장 곳곳에 늘려있는 시뻘건 양고기, 낡아빠진 가전제품, 자동차바퀴 등은 현대문명의 시간과 뒤엉킨 그 옛날의 실크로드의 시간을 동시에 보여주는 듯하다. 흔히 자선을 위해 열리는 시장이라는 의미로 사용되고 있는 바자르는 페르시아어의 '시장'을 의미한다. 원래 이슬람교인의 포교 활동을 위해 곳곳에 세워졌던 시장을 의미하던 것이다. 이렇게 유래된 바자르에는 잡화물이나 특산품이 거래되면서 이슬람 전통 시장의 형태가 아직까지도 유지되고 있다. 바자르가 서는 곳에는 언제나 저렴한 서민식당이 서는데 이곳에서 이슬람의 전통 음식을 맛볼 수 있다. 위구르

지역을 여행하다 보면 좋건 싫건 양고기 요리를 자주 접하게 된다. 그 중 다양한 향신료를 써서 비린 맛을 없앤 위구르의 양고기 꼬치 '케밥'은 우리 입맛에도 잘 맞아 먹어볼 만하다. 30~40㎝ 길이의 쇠꼬챙이에 대여섯 개의 살점을 끼우고 숯불에 굽는 케밥은 위구르족들이 가장 즐겨 찾는 주식 가운데 하나이다. 양고기 꼬치는 이슬람 전통 빵인 난에 곁들여 먹으면 한 끼 식사로도 충분하다. 쫄깃한 면에 고추와 토마토, 다진 양고기를 고명으로 얹은 라미엔도 우리 입맛에 잘 맞는 요리이다. 케밥은 신장 위구르족이나 몽고인들의 주식이지만 중국 어디를 가더라도 쉽게 먹을 수 있다. 차이가 있다면 양을 방목할 수 있는 자연환경을 가진 신장지역의 케밥은 고기가 두껍고 크지만 북경이나 서안 등 대도시의 케밥은 고기를 얇고 작게 썰어 굽는다는 것이다. 진흙으로 만든 화덕에서 구워내는 토노르 케밥도 한 끼 식사로 더없이 훌륭하고 저렴한 서민음식이다. 바자르는 우리나라 동대문 시장이나 남대문 시장처럼 어딜 가나 시끌벅적하다. 바자르의 어느 곳에서는 흰 터번을 두른 아홍이 여자에게 소리를 지르고 매질을 한다. 여자는 아무런 반항도 하지 않고 매를 맞고 있다. 이슬람 지역에서의 남존여비사상은 유명하다지만 여기서도 그 단면을 보는 것 같아 괜히 마음이 언짢다. 시장은 온통 남성들 세상이어서 어딜 가나 남성들이 북적일 뿐이다. 이곳에서 온

전히 여성들의 얼굴을 보는 것은 정말 힘든 일이다. 이슬람 복장을 한 여성들은 정말 가뭄에 콩나 듯 찾아보기 힘들다. 머리에서 발끝까지 뒤집어 쓴 채 눈구멍만 간신히 내놓은 '부르카', 그나마 얼굴은 내놓은 '차도르' 등을 입은 채 그도 모자라 머리카락은 한 가락도 내놓으면 안 되는 듯 얼굴만 드러낸 스카프인 '히잡' 을 쓴 여인들이 간혹 시장에 보일 뿐이다.

전 세계적으로 5억이 넘는 무슬림 여성들이 다양한 종류의 '베일' 을 착용하고 있다. 이들에게 베일은 도덕성, 정체성, 저항 등 복합적인 개념을 포함하고 있다고 한다. 따라서 이슬람의 상징인 '초승달' 보다 더욱 우리들에게 각인된 여성들의 베일을 제대로 이해하는 것은 이슬람 문화에 대한 올바른 이해의 첩경이기도 하다. 이를테면 중동 여성은 초경이 시작되는 13세가 넘으면 집 밖에서는 반드시 베일을 착용해야 한다. 식당에서도 베일 착용을 하지 않은 여성은 출입이 금지되며 만약 이를 위반할시 당사자 외에 식당주인도 이를 방조했다는 이유로 영업정지 등의 문책을 받게 된다. 원래 베일의 주된 목적이 성적인 유혹을 피하고 순결한 사람으로 정숙하게 보이도록 얼굴을 가리기 위해 베일을 착용한다는 것이었지만 다양한 베일을 착용한 이슬람 여성들을 바라보고 있노라면, 오늘날 전 세계적으로 이루어지고 있는 여성해방운동이 이슬람권에서는 여전히 답보상태에 불과하다는 느낌이어서 씁쓸하다.

향비香妃의 정절

시장 구경을 마치고 향비묘로 향한다. 향비묘는 아말극곽가묘의 별칭으로 향비는 위구르 사람들에게는 민족정신의 화신으로 숭배 받는다. 도심의 북동쪽 5km에 위치해 있으며, 아파커훠자가 그의 아버지를 기리기 위해 만들었다. 이슬람교도들은 향비묘라 부르기를 좋아하지만 사실은 향비묘 라기보다는 호자 가족의 묘이다. 녹색의 타일로 벽을 장식한 돔 건물 안에는 가운데 1640년 이 지방의 권력자였던 호자의 무덤이 있고, 오른쪽 구석에 향비의 묘가 있다. 또한 건물 안에 향비의 유해가 이송되어 올 당시에 쓰였다는 수레가 보존되어 있다. 건물 옆으로는 크고 작은 무덤들이 놓여 있다. 위구르의 절대 미녀 향비는 정사보다는 야사에 더 많이 전해져오는 베일 속 인물이다.

향비는 청나라 위구르족의 보배였다. 향비는 건륭황제의 명으로 고향을 떠나 비妃가 되었지만 곧 죽게 되고 그 시신을 다시 고향으로 옮겨 안장하였다. 북경에는 명의 황제들이 잠들어 있는 명13릉, 청의 황제무덤인 동릉과 서릉이 있다. 명13릉은 많은 관광객들이 빠뜨리지 않는 유명한 관광코스의 하나이지만 동릉과 서릉은 비교적 외딴 곳에 떨어져 있는 관계로 가보기가 쉽지 않다. 동릉에는 청의 초대 황제인 순치제를 비롯해서 강희제康熙帝, 건륭제乾隆帝, 함풍제咸豊帝 그리고 동치제

同治帝의 무덤이 있다. 청말에 권세를 누렸다는 서태후西太后, 즉 자희태후도 이곳에 잠들어 있다. 그러나 그곳에서 우리의 관심을 끄는 것은 유릉비원침裕陵妃園寢속에 잠들어 있는 향비라는 여인이다. 유릉은 건륭제의 무덤이니, 향비는 건륭제의 비인 셈이다. 중국에서 부르는 정식 명칭은 용비容妃이다. 유릉비원침에는 36명에 이르는 건륭제의 황후, 2명의 황귀비, 5명의 귀비, 6명의 비, 6명의 빈, 12명의 귀인, 4명의 상常, 모두 36명이 함께 잠들어 있는데 향비도 그 중의 하나이다. 재미있는 사실은 향비의 무덤이 이 동릉 뿐만 아니라 신강 위그르 자치구의 서쪽 끝에 자리 잡은 카스에도 있다는 점이다. 아마 이 세상에서 무덤 두개를 가지고 있는 사람도 드물지만 여인으로서 그런 경우는 더욱 그럴 것이다. 물론 카스에 있는 향비묘는 개인묘가 아니라, 이 지역의 전통에

따른 가족묘로서, 17세기 중기에 호자가에서 시작되었는데, 대략 호자 일족 72명이 묻혀있다고 한다. 향수를 뿌리지 않아도 항상 몸에서 향긋한 냄새가 났다 하여 붙여진 이름인 향비의 고향이 바로 카스이다. 정설은 없으나 지금까지 밝혀진 바에 따르면 향비는 이 지역의 귀족 가문인 호자 가문의 딸이었는데, 청조가 건륭제 때 군사 침략을 단행한 뒤, 청의 장군이 황제에게 선물로 바치기 위해 그녀를 사로잡아 북경에 보냈다고 한다. 그녀는 카스에서 한 추장의 부인이라고도 했고, 또 정혼한 사람이 있다고도 하였다. 그러나 이 여인은 청나라의 자금성에 들어온 뒤 망향병에 시달리다가 29세 때 사망하였다. 궁중 음식을 거의 입에 대지 않았기 때문에 건륭제는 이를 위해 그곳에서 나오는 재료로 음식을 만들었을 정도였고, 그녀가 위그르의 전통 복장도 입을 수 있도록 배려하였다. 그럼에도 그녀는 궁정생활에 적응하지 못했던 것 같다. 그녀가 제 명대로 살지 못하고 죽은 것은 독살하였거나 자살하였기 때문이라고 한다. 자살설은 그녀 자신이 이미 정혼한 몸이었기 때문에 항상 칼을 가슴에 품고 황제의 접근을 불허하였기 때문에 나온 것이다. 황태후가 이 사실을 알고는 그녀를 불러 들여 소원을 묻자, 죽는 것뿐이라고 말해서 결국 별실에서 자살케 하였다고 한다. 향비에 얽힌 이야기는 청의 카슈가르 정복 과정에서 나타난 비극이고, 향비는 그에 저항한 여성인 셈이다. 때문에 그녀의 유해는 동릉에 있음에도 불구하고 카슈카르 사람들은 124명의 카슈카르 사람들이 특별한 상여를 메고 3년 반이나 걸려 북경에서 향비의 시체를 운구한 다음, 호자가의 묘에 묻어 주었다고 믿고 있다. 또 카스 사람들은 요즘에도 죽은 뒤 이 향비묘 가까이에 묻히는 것을 바란다고 한다. 동양의 사상으로 본다면 무덤은 인간의 문화 중에서 가장 보수적인 영혼의 산물일 것이다. 카슈가르의 향비묘에도 그러한 의미가 담겨 있는 듯이 보인다. 아마 위그르인들은 향비를 통해 민족적 자존심을 드러내고 싶었을 것이고, 그 욕망은 아직도 지속되고 있는 듯하다. 향비에 대한 설명을 들으며 향비묘를 둘러보니 마치 인도의 타지마할을 보는 듯하다. 죽음으로 지킨 사랑, 그 일편단심을 후세 사람들이 아무리 사모한들 사자에게 무슨 의미가 있을까.

향비묘를 빠져 나올 때 이름 모를 들풀들이 바람에 날려 하늘대며 나에게 자꾸 미소를 짓는다. 우리 인간들은 사실 모두 이름 없는 들풀에 불과 한 것이 아닌가. 역사에 남는다 한들 그 이름이 얼마나 갈까. 카슈가르의 향비 묘에 누운 향비를 사람들은 얼마나 그리워할까. 이곳을 빠져나가는 순간 사람들은 향비의 존재를 까맣게 잊고 말 것이 아닌가. 그것은 향비의 상여를 메고 3년 반이나 걸려 북경에서 향비를 운구한 사람들의 이름을 모르는 것과 마찬가지다. 우리가 아무리 세상에 이름을 떨치기 위해 몸부림치고, 큰 이름을 얻었다 한들 몇 백 년 후에 누가 우리의 이름을 기억해 줄까. 기억해 준다한들 그것이 무슨 큰 의미를 가질 것인가. 이 세상에 잠시 머물다가 돌아가는 사람들은 다 저기

저 들풀과 같은 존재들이다. 부와 명예와 같은 욕망을 모두 버리고 저 들풀처럼 소박하고 평화롭게 살 수 있다면 얼마나 행복할 수 있을까. 향비묘와 그 근처 길섶의 들풀은 삶과 죽음, 그리고 존재의 의미를 새삼스레 생각케 한다.

3. 지상에서 영원으로 가는 길

지상에서 영원으로
가는 길, 훈자

인더스 강을 따라 세월과 함께 시름을 나눈다는 카라코람 길을 따라, 이 지상의 모든 서두름과 다그침이 자리를 잃어버린다는 파미르 고원을 따라, 순간에서 영원으로 타오르는 타림분지를 따라, 그리하여 마침내 저승에 닿을 때까지 머물고 싶다는 훈자에 이르세요. 길이 끝나는 곳에도 길은 있지요. 길이 끝나는 곳에도 사람은 있지요. 스스로 길이 되어 끝없이 가는 사람이 있지요.

파미르 고원을 넘으며

삶이 고달프고 힘든 그대, 훈자(Hunza)로 떠나세요. 훈자에 이르는 끝없는 길은 바로 지상낙원으로 가는 길입니다.

인더스 강을 따라 세월과 함께 시름을 나눈다는 카라코람 길을 따라, 이 지상의 모든 서두름과 다그침이 자리를 잃어버린다는 파미르 고원을 따라, 순간에서 영원으로 타오르는 타림분지를 따라, 그리하여 마침내 저승에 닿을 때까지 머물고 싶다는 훈자에 이르세요. 길이 끝나는 곳에도 길은 있지요. 길이 끝나는 곳에도 사람은 있지요. 스스로 길이 되어 끝없이 가는 사람이 있지요.

세상에서 가장 높고 장엄한 길이 세계의 지붕 파미르고원을 넘어 중국과 파키스탄을 잇고 있어요. 이 길은 중국 서역 지방의 카스에서 파키스탄의 수도 이슬라마바드까지 이어지는 약 1200㎞의 길로, 중국 측에서는 중파공로中巴公路, 파키스탄 측에서는 카라코람 하이웨이(Karakoram Highway)라 불리워지지요. 대상들이나 불법을 구하러 인도로 가던 구도자들은 낙타를 타고 몇 달씩 가던 길이었지만 버스를 타면 1박2일이 걸리지요. 오늘날도 이 길을 오가는 사람들은 파키스탄과 중국을 왕래하는 장사꾼들과 여행자들이랍니다.

카스에서 승객과 짐을 잔뜩 실은 버스는 황량한 벌판을 달리다 몇 번의 중국 측 검문소를 거친 후 이민국 피랄리(Pirali)에 도착합니다. 그곳에서 출국 수속을 밟은 후 드디어 쿤제라브 고개(Khunjerab Pass)를 오릅니다. 쿤제라브 고개는 '피의 계곡'이란 뜻이지요. 산적들이 이 길을 넘던 대상과 수도승들을 상대로 약탈과 살인을 자행하여 계곡에 피가 늘 흘렀다고 해서 붙여진 이름인데, 양쪽으로 높게 치솟은 산들이 고갯길을 에워싸고 있어요. 거대한 산맥에 들어서기 직전이라는 것을 보여주듯 기암절벽이 금방이라도 무너져 내릴 듯 아슬아슬하고 발아래로는 만년설 녹아내린 물이 콸콸 흘러내리고 있습니다. 아슬아슬한 낭떠러지 길을 달리며 계곡 건너편 산허리를 보니 옛 사람들이 다녔을 길이 구불구불 S자를 그리고 있군요.

덜컹거리는 길을 두어 시간 달린 후에 드디어 타슈쿠르간(Tashkurgan)에 이릅니다. '돌의 성'이란 뜻의 타슈쿠르간은 해발 3600m이지만 파미르 고원의 6-7000m의 높은 산에 둘러싸여 있기 때문에 포

근하고 아늑한 시골마을 같습니다. 기록에 의하면 현장 스님도 인도에서 카스로 오다가 타슈쿠르간에서 20일간 머물렀고, 고구려계의 고선지 장군도 이곳을 거쳐 소발륙국(현재 파키스탄의 길기트 지방)을 원정했다고 합니다. 이렇게 역사적인 길이지만 지금 이곳에는 별다른 유물이 남아 있지 않고, 다만 타지크 유목민들이 야크를 기르며 평화롭게 살고 있을 뿐입니다. 아마 혜초 스님도 인도를 여행한 후 파미르 고원을 넘어 카스로 갔던 것으로 추측됩니다. 그는 『왕오천축국전』에서 이곳을 지나가며 느꼈던 심정을 다음과 같이 이야기합니다.

> 그대는 서번(西蕃消 · 서쪽의 변방)이 먼 것을 한탄하나
> 나는 동방으로 가는 길이 먼 것을 한탄하노라
> 길은 거칠고 눈은 산마루에 수북이 쌓였는데
> 험한 골짜기에는 도적이 들끓는구나.
> 새는 날다 깎아지른 산 위에서 놀라고
> 사람은 좁은 다리를 건너며 어려워한다.
> 평생에 눈물 흘린 일이 없었는데 오늘만은 천 줄이나 뿌리도다.
> –혜초, 〈왕오천축국전〉에서

지상낙원 훈자

타슈쿠르간을 지나 훈자로 다가갈수록 카라코룸, 힌두쿠시, 히말라야 등 세계에서 가장 높고 거대한 산맥이 눈앞을 가로막아 숨이 멎을 듯한 기분입니다. 5000m가 넘는 높은 봉우리에는 여름인데도 흰 만년설이 덮여 있어 자연의 위대함이 새삼스럽게 느껴지지요. '흐르지 않는 물은 바다에 이르지 않는다' 는 중국의 속담처럼, 한낮의 따뜻한 햇살에 녹아내린 물은 산줄기를 타고 도도하게 흐르는 인더스 강을 만들어내지요. 인더스 강물은 라다크 산지를 휘감고, 파키스탄의 카라치를 거쳐 장장 3000여㎞의 대장정을 한 후 아라비아 해로 흘러들어가지요. '아가씨의 수줍음' 이라는 꽃말을 가진 살구꽃이 수줍은 인사를 건네는 장수촌 마을 훈자, 구절양장의 험난한 카라코룸 산맥을 머리에 이고, 깎아지른 절벽을 끼고 인더스 강을 내려다보며 훈자 마을로 조금씩 다가서지요. 심산유곡으로 빠져 들수록 웅대한 자연은 이방인에게 비경을 하나 둘씩 꺼내 보여 주기 시작합니다. 훈자 마을은 마을 전체를 둘러싼 낮은 구릉이 있고, 뒤편으로 7788m의 라카포쉬를 비롯해 울타르 피크, 골든 피크 등 7000m급의 고산들로 둘러싸여 척박한 지대임에도 불구하고 인간의 강한 생명력을 보여주는 곳입니다. 설산과 회색빛의 강물 사이로 피어난 하얀 살구꽃처럼 훈자 마을의 모습은 너무나 인상

적입니다. 이런 곳에서 어찌 사람이 살 수 있을까 하는 생각이 들지만 훈자는 세계 3대 장수촌 중 하나이기 때문에 더욱 경이로운 느낌이 들지요. 문명인이 되기를 포기하고 자연에 순응하며, 최소의 음식과 의복으로 행복한 삶을 영위하는 사람들이지요. 비록 파키스탄에 속하지만 삶을 지향하는 가치관은 아주 다르지요.

이 험난하고 척박한 환경을 꿋꿋하게 이겨내며 자신들의 생명을 지켜온 훈자족이 언제부터 이곳에 뿌리를 내리고 살아 왔는지에 대한 명확한 역사적 기록은 없답니다. 다만 오랫동안 훈자인들에게 전해 내려온 전설만 있을 뿐입니다. 전설에 의하면 기원전 325년 알렉산더 대왕의 동방원정 때 잔류한 3명의 군사와 그들의 페르시아 아내들이 훈자 벨리(valley)에 터를 잡으면서 훈자 왕국이 시작되었다고 합니다. 반면 서양의 역사학자들은 길기트(Gilgit) 산악지대에서 부르사스키(Burushaski)라는 언어를 사용하는 토착민이 바로 훈자의 조상이라고 주장합니다. 또한 이들은 7세기경부터 티벳 계의 사람들이 길기트에 거주하였다는 기록과 740년에는 '브루자(Bruza)' 라고 하는 왕이 티베트 공주와 결혼을 했다는 사실을 티벳의 역사 문헌에서 볼 수 있다고 주장합니다. 아무튼 11세기 이후 훈자 왕국은 알티트(Altit), 발티트(Baltit), 가네쉬(Ganesh) 등으로 구성된 훈자 벨리에서 한 혈통에 의해 지배되었으며, 1761년부터 1937년까지 신장의 위구르족들에게 조세를 바치며 독립된 왕국으로 살아왔습니다. 그 후 훈자 왕국은 길기트에서 카쉬가르로 이어지는 실크로드의 중계무역지로 관세를 받아가며 명맥을 유지하였지요.

100여 년 전까지만 해도 바깥세상에 전혀 알려지지 않은 채 카라코룸 산맥 언저리의 조용한 작은 마을이었던 훈자는 1891년 영국의 침략으로 인해 비로소 세계무대에 등장하게 됩니다. 드높은 설산을 배경으로 한 폭의 아름다운 수채화 같은 훈자 마을은 봄이면 아름다운 살구꽃이 온 마을을 가득 채우고, 여름이면 짙푸른 녹색이, 가을이면 붉은 단풍이, 겨울이면 하얀 눈이 온천지를 뒤덮지요. 만년설로 뒤덮인 고산과 그 밑으로 흐르는 훈자 강 그리고 높게 자란 미루나무와 푸른 농경지는 마치 지상낙원을 연상케 합니다.

표고 2500미터, 숙소 저 멀리 밤의 장막 속으로 내려다보는 훈자는 각별한 정취를 풍기며 나에게 안겨옵니다. 저기 이 삼 백 미터 가량 아래로 카라코룸 하이웨이가 훈자 강어귀에 면해 일직선으로 뻗어있습니다. 은은한 달빛 속에, 높은 산은 깊은 그림자를 드리우고 있습니다. 그림자 사이로 민다의 불빛이 여기저기 깜박이며 삶의 숨결을 전해줍니다. 훈자에는 아직 완전하게 전기가 들어오지 않았습니다. 황혼이 깃들면 산 그림자가 달빛에 드러나고 카라코룸 하이웨이의 아스팔트에 반사되어 둘은 마치 깊은 포옹을 하는 듯합니다. 호텔 앞에는 짙은 회색

빛의 인더스강이 흐르고 강 건너에는 풀 한포기 없는 거대한 바위산이 버티고 서있습니다.

카라코룸 하이웨이를 달리며

계절마다 독특한 아름다움을 자랑하는 훈자 마을은 1978년 카라코룸 하이웨이라는 길이 열리면서 많은 여행자들의 발길을 초대하고 있지요. 물론 이 길은 4세기경부터 동서를 잇는 실크로드의 한 부분이었습니다. 예전의 이 길은 수많은 문화와 예술 그리고 생활용품들의 교역이 이루어진 교역로였지만 지금은 세계에서 가장 신비롭고 환상적인 여행길이 되어 수많은 관광객들이 버스나 지프를 타고 하이웨이를 질주합니다. 예나 지금이나 사람들의 왕래는 새로운 길과 새로운 문명을 낳습니다. 세상 사람들은 훈자마을을 고립된 채 놓아두지 않고 세상 가운데로 꺼집어내었지요. 고요하던 훈자 마을은 인간이 뿌려놓은 문명에서 벗어날 수 없어 카라코룸 하이웨이에서 가장 큰 관광도시로 발전했답니다. 카라코룸 하이웨이의 건설과 함께 도시문명의 침입이 이루어지고 고요하던 훈자 마을의 평화는 파괴되었습니다. 외부세계와 단절된 채 공동체적 삶을 영위하며 마을 전체가, 한 가족이나 친척 같이 살아가던 훈자의 마을이 세상에 개방되기 시작한 거지요.

개발과 발전의 미명하에 고요하고 평화롭던 훈자 마을도 갈수록 황폐해져가고 있습니다. 조금씩 조금씩 산은 무너져 내리고, 강은 오염되어가고, 그들의 조상이 살았던 땅은 없어져 가고 있습니다. 도대체 이 아름답고 평화로운 훈자 땅을 그냥두지 못하고 왜 자꾸 못 살게 구는 것일까요? 아름다운 산과 강을 자기 시대에만 유용하게 쓰려는 인간의 어리석은 욕망이 자연을 파괴하고 있는 것이지요. '네가 아프니 나도 아프다' 는《유마경》의 진리는 도대체 이 세상 어디에 존재합니까. 우리나라에서도 오지의 아름다운 시골길을 한참 만에 가보면 어느새 삭막한 아스팔트로 변해 있곤 해서 속이 상한 적이 한두 번 아닌데, 카라코룸 하이웨이를 달리면서도 이유모를 분노로 내내 가슴이 끓어올랐습니다.

실제로 카라코룸 하이웨이가 개통된 후 훈자의 삶은 급변하기 시작했습니다. 60~70명의 학생들이 공부 하고 있는 초등학교가 40여개, 고등학교도 3개나 있습니다. 옛날부터 있었던 개인병원 이외에 정부에서 세운 병원도 두 곳이나 늘었습니다. 사람들도 농업 이외의 직업을 가질 수 있게 되었지요. 지금은 마을의 8할이 경찰관, 학교선생, 전문직업인, 도로건설원 등으로 일하고 있습니다. 경찰관은 훈자의 고급직업으로 1개월에 7~8백 루피, 한국 돈으로 7만원에서 8만원의 급료를 받는다고 합니다. 훈자의 여자들은 일벌레들입니다. 어린이들이 아침 8시경 학교에 가고 나면 농사짓는 사내들은 부인을 데리고 들판에 나갑니다. 아침식사가 끝나 설거지를 마치기가 바쁘게 들에 나가 온종일 밭일을 하고, 쉴 때는 나무 아래서 수를 놓습니다. 식용으로 키우고 있는 양, 산양, 소의 뒷바라지도 여자들이 도맡는다고 합니다.

훈자의 중심도시 카리마바드(Karimabad)는 걸어서 다닐 정도로 아주 작으며 아담하고 평온한 이미지를 안겨줍니다. 산비탈 마을에는 계단식으로 집을 짓고, 밭을 가꾸며 살기 때문에 높이 올라갈수록 카리마바드의 멋진 풍경을 더 잘 감상할 수 있습니다. 이곳의 오솔길을 산책하거나 햇살 잘 드는 곳에 앉아 카라코룸 산맥이 뿜어내는 정기와 울타르산이 솟아내는 비경을 감상하노라면 내가 지상 낙원에 와 있는 것이 아

닌가 하는 착각이 듭니다. 행복이란 이런 사소한 것이 아닐까요. 문명의 인터넷과 TV, 휴대폰으로부터 완전히 자유로워져서 내면에 숨어 있는 나를 만날 수 있는 완벽한 행복의 시간이 이곳에 있습니다. 카리마바드를 누비고 다니다보면 훈자족들이 어떻게 일상적인 삶을 영위해나가는가를 엿볼 수 있습니다. 이곳 남자들은 납작한 호떡 모양의 모자를 쓰고, 여자들은 무슬림임에도 불구하고 얼굴을 가리지 않습니다. 이곳에 머무는 시간이 길어질수록 훈자인들의 삶의 방식이 눈에 들어오고, 이들이 어떻게 무병장수를 누리며 건강하고 행복하게 사는지 조금씩 의문이 풀려가는군요.

훈자 마을은 미국의 유기농학자 제롬 어빙 로데일(Jerome Irivng Rodale)의 연구를 통해 훈자족(Hunzakuts)의 장수비결이 알려지면서 세인들의 관심을 끌기 시작했습니다. 훈자는 세계 최장수 마을답게 곳곳에서 수염을 길게 기른 나이든 어른들을 만날 수 있습니다. 훈자인들은 4만 명의 인구 중에서 100세 이상이 10여 명, 90세 이상이 100여 명에 이를 정도로 장수하는 지역입니다. 이들이 말하는 최고 장수비결은 평온한 삶에서 얻어지는 정신적 안정입니다. 훈자사람을 유심히 살펴보면 사람이 건강하게 오래 산다는 것은 돈이 많아서도 아니고 명예가 있어서도 아닙니다. 요즘 우리나라에서는 웰빙 신드롬이 일어나 헬스장

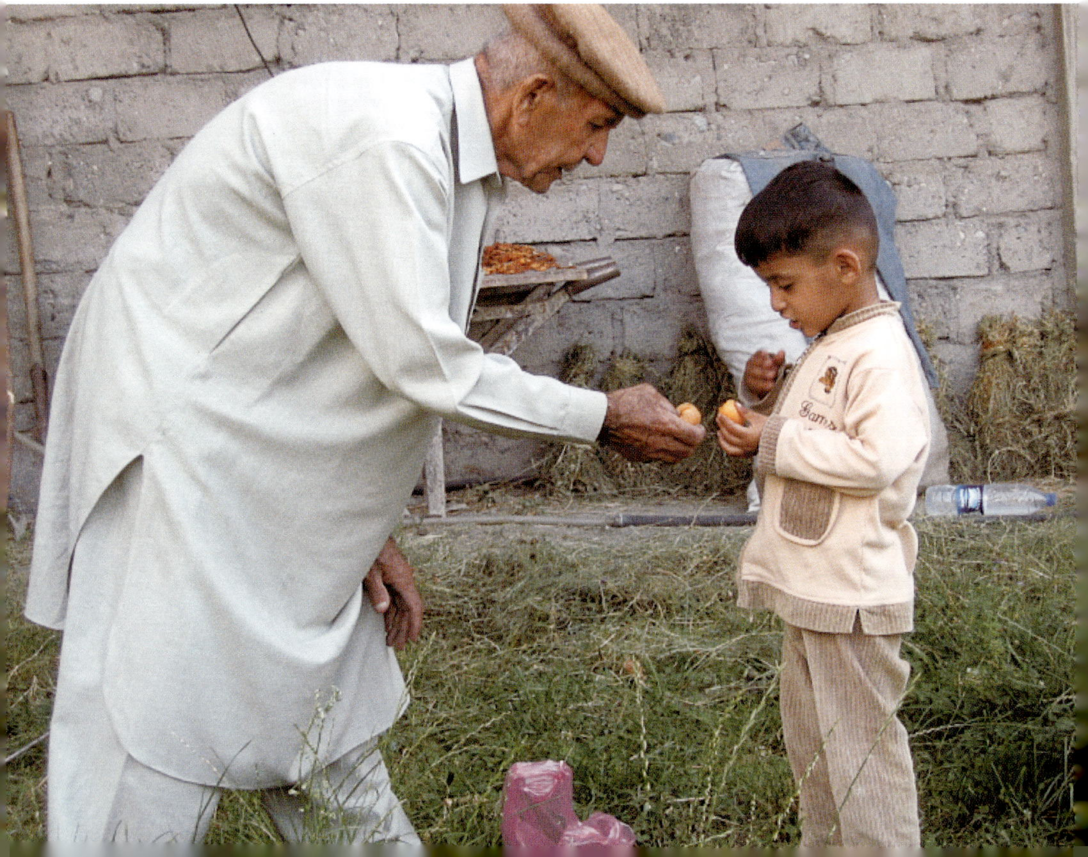

을 다니고, 골프를 하고, 혹은 건강식을 한다고 야단인데 훈자사람들은 우리처럼 야단스러운 웰빙을 꿈꾸지 않습니다. 그들이 장수하는 이유는 척박한 환경에 적응하기 위한 최소의 열량 섭취와 적당한 노동 그리고 무엇보다도 욕심 없는 청빈한 삶의 태도 때문입니다. 이들은 통밀로 만든 차파티(Chapatti), 버섯, 야채 등을 즐겨먹고, 육류는 일주일에 한 번 정도 소량을 섭취합니다. 훈자 사람들은 살구씨를 습관처럼 먹으며 겨울에는 말린 것을 그대로 먹고 나머지는 기름으로 짜서 먹습니다. 또한 훈자인들이 거주하는 곳은 일반인들의 거주 지역보다 지대가 높아 산소가 부족하고, 날씨가 변화무쌍하지만 이들은 강인한 체력으로 악조건들을 극복해 왔던 것입니다.

발티트 성의 비경

훈자에서 멋진 관광지를 찾는 것은 어리석은 짓입니다. 이곳은 오랫동안 문명과 격리된 탓에 우리들이 흔히 찾는 관광지는 없습니다. 울타르 피크를 뒤로 높은 언덕 위에 세워 진 발티트 성(Baltit Fort) 정도가 이 마을에서 거의 유일한 볼거리입니다. 발티트 성에 서면 마을 전체가 한눈에 들어옵니다. 1950년까지 훈자의 왕족인 미르(Mir)족이 거주한 이곳은 최근 관광지로 변하면서 성을 재건축하였습니다. 발티트 성은 화강

암 위에 하얀 회벽으로 외부를 장식해 멀리서 보면 울타르 빙하 아래 흰 보석처럼 아름답게 빛이 납니다. 옛날 훈자의 왕이 발티스탄(Baltistan)의 공주와 결혼하였는데, 이때 공주가 시집오면서 데려온 장인들에 의해 이 성을 지었기에 '발티트'라 명명했다고 합니다. 발티스탄은 동쪽으로는 라다크, 서쪽으로는 길기트와 인접해 있던 티베트 령의 소왕국이었습니다. 일명 '발티'라고 부르는 발티스탄 주민들은 라다크 지방에 사는 라다키와 거의 같은 종족이었으며, 복장과 생활양식, 그리고 건축양식도 거의 유사했습니다. 예나 지금이나 훈자사람들은 물질적인 풍요로움 대신 근검하고 소박한 삶에 가치를 두고 작은 텃밭을 일구며 살아왔습니다. 골목 어귀나 상점에서 만나게 되는 훈자 사람은 항상 친절하고 너그러운 미소를 머금고 있습니다. 낯선 관광객들을 대하는 훈자사람들의 태도는 너무나 여유가 있고 관대해 보입니다. 늘 무언가에 쫓기며 전투하듯 살아가는 우리에게 이들의 생활태도는 부러울 따름입니다. 메고 있는 작은 배낭에 훈자사람들의 청빈하고 너그러운 태도와 그들의 소중한 삶의 지혜를 가득 담아 갈 수 있다면 얼마나 좋을까요.

훈자의 밤은 더욱 더 깊어만 가네요. 화장실을 다녀오며 바라본 밤하늘의 별들은 금새 다 쏟아져 내릴 듯 더욱 초롱초롱하군요. 훈자사람들의 너그러움과 여유로움을 닮아서인가요. 청명하다 못해 온 하늘에 푸른 물감을 풀어놓은 듯한 훈자마을을 떠나는 내내 나는 자꾸자꾸 뒤

를 돌아보았지요. 뒤 돌아보면 거기에는 푸른 호수와 눈 시린 초원이 가득히 펼쳐져있지요. 어쩌면 다시 오지 못할 이상향의 모습을 마음속에 깊이 간직해 두고 싶은 마음에서인지도 모르지요. 이상향은 세상 어느 곳에도 없고 마음속에 있다고 하지만 이 지상의 유일하게 남은 낙원인 훈자를 뇌리에서 사라지게 하고 싶지 않은 미련 때문이겠지요. 훈자를 떠나면서 자꾸 이백의 시 〈산중문답山中問答〉이 떠올랐습니다.

그대는 묻네,
무슨 일로 푸른 산에 묻혀 사는가?
빙그레 웃을 뿐,
마음은 한가로워라.
복숭아꽃 물위에 떠
아득히 흐르는 곳
이곳은 별천지,
인간 세상 아니니.

– 이백, 〈산중문답山中問答〉 일부

중앙아시아의 진주,
우즈베키스탄

내 삶은 얼마나 많은 것을 놓치고 버린 뒤에야 내 것이 될 것인가. 가지만 꽂아놓아도 뿌리가 내린다는 생명의 땅, 머리 위에서 어깨에서 발밑에서 가지가 돋아나듯 생명의 환희가 솟아오른다. 어디에서나 성장은 축복이고, 성장하는 동안 그들의 삶은 축제와 같이 살아난다. 차창 밖으로 스쳐지나가는 모든 것이 살아 꿈틀대고 있었다.

돌의 나라 타쉬켄트

잠시 후 타쉬켄트 공항에 도착한다는 기내 방송을 들으며 창밖으로 내려다본 우즈베키스탄은 '중앙아시아의 진주' 라고 불리는 명칭과는 달리 다소 어두운 느낌을 주는 도시였다. 사막을 오가던 대상들에게 안식처이자 생명의 오아시스였던 우즈베키스탄!

구 소련에서 4번째로 큰 도시였던 우즈베키스탄의 수도인 타쉬켄트는 투르크어로 돌(tash)의 나라(kent)라는 의미를 지닌다. 지리적으로는 천산산맥에 있는 오아시스에 위치하고 시르다르야강江의 지류에 접한다. 아시하바드 철도와 오렌부르그 철도와 연결되며, 천산산맥으로 가는 도로의 기점이기도 하다. 또한 중앙아시아와 서남아시아의 중심지로서 항공로의 중심이기도 하다. 그래서인지 중앙아시아의 다른 어떤 도시보다 국제 항공기가 잘 연결된다.

타쉬켄트의 역사는 불분명하지만 가장 오래된 기록은 BC 1~2세기로 이미 중국에서 석국石國으로 불리웠다. 이후 불교와 조로아스터교의 영향력 아래 놓여 있다가 7~8세기부터 투르크계 문화와 이슬람교를 받아들이고 10세기에는 사만왕조가 지배하면서 중요한 상업의 중심지가 되었다. 타쉬켄트는 13세기경 칭기스칸의 침입이후 몽골 지배로 들어갔고 차가타이 한과 티무르의 지배를 받았다. 16세기부터 남하하는 우즈베크인의 샤이바니 왕조 치하에 들어갔다가 코칸트와 부하라의 양국에 귀속되었다. 1865년 러시아군이 점령하여 1967년 투르키스탄 총독부가 설치되면서부터 러시아 식민지가 되었다. 그 후 러시아의 중앙아시아 지배의 중심지로서 1917년 중앙아시아 최초의 혁명 소비에트 자치공화국으로 건국되었다. 타쉬켄트는 1930년에 우즈벡 소비에트 사회주의공화국의 수도가 되었으며, 1991년 12월 구 소련연방이 붕괴되면서 우즈베키스탄의 수도가 되었다.

오늘날, 타쉬켄트는 여전히 중앙아시아의 가장 큰 문화 중심지일 뿐 아니라 산업의 중심지이다. 타쉬켄트의 산업은 우즈베키스탄 전체 산업의 1/3을 차지한다. 주요 생산 공장에서는 면화, 농업장비 등을 생산한다. 중앙아시아의 가장 큰 면직물 공장이 이곳에 있다. 도시의 산업을 위한 전력은 치르치크(Chirchik)강을 따라 있는 작은 수력발전소와 지역 화력발전소로부터 제공된다. 타쉬켄트가 산업의 중심지 역할을 한다고 해도 우즈베키스탄의 경제력은 여전히 취약하기 짝이 없다. 출퇴근시간에 길거리를 지나가는 전기버스(트롤레이부스)에는 콩나물시루처럼 붐빈다. 거의 버스 난간에 떨어질듯 매달려 가는 사람들의 모습을 바라보면서 이들의 경제력을 한눈에 보는 듯하다. 한국에서는 벌써 폐차가 되었을 법한 소형 승용차들이 지독한 매연을 뿜어대며 영업행위를 하면서 다니고 있다. 흡사 우리나라의 6, 70년대의 거리모습을 연상시키는 타쉬켄트의 거리 풍경은 우즈베키스탄은 물론 중앙아시아의 경제력을 단적으로 잘 보여주고 있다.

타쉬켄트는 2천년 역사를 지닌 고대도시지만 거리 여기저기를 둘러보아도 고색창연한 고대도시의 흔적은 거의 찾을 수 없다. 1966년에 일어난 지진으로 도시가 거의 파괴되었고 소련 도시 계획자들은 타쉬켄트를 전형적인 러시아식의 도시로 재건했기 때문이다. 그러나 다른 한편에 남아 있는 구시가지는 실크로드의 오아시스 잔영이 강하게 남

아 있다. 특히 타쉬켄트와 함께 사마르칸드, 부하라는 자연 풍광과 동서 문화 교류의 자취를 더듬을 수 있는 곳이다.

타쉬켄트는 현대에 이르러 발전한 신도시와 2천년 역사의 구도시가 병존한다. 치르치크 강은 천산에서 시작돼 이 도시의 남쪽 끝을 따라 흐른다. 그 치르치크 강변에 있는 오아시스 도시가 바로 타쉬켄트다. 실크로드의 옛 영화와 오아시스의 잔영을 찾아보려면 타쉬켄트의 서북쪽 이슬람지구인 구시가지로 가야한다. 구시가지로 가보면 타쉬켄트가 인근 중동아시아 지역의 아프가니스탄이나 이란과 더불어 이슬람교의 근원지라는 것을 쉽게 확인할 수 있다.

이슬람교가 중앙아시아 지역으로 전파된 것은 7세기에 있었던 아랍군의 중앙아시아 침입으로부터이다. 아랍을 통일한 무슬림들은 652년, 사산조 페르시아를 무너뜨리고 중앙아시아 지역으로 점차 영향력을 확대하였다. 673년 그들은 아무 다르야강 유역을 정복했고 676년에는 부하라지역까지 정복했다. 아랍의 이슬람군은 706년과 716년 사이에는 시르 다르야강 유역에 정주지를 얻게 되어 8세기 중엽에는 중앙아시아에 대한 아랍 이슬람의 영향력이 크게 증대 되었다고 한다. 특히 움마야드 왕조 때에는 당시 페르시아지역 통치자인 쿠타이바 이븐 무슬림에 의해 이슬람의 세력이 중앙아시아 서부의 사마르칸트까지 확장되었다.

타쉬켄트의 거리를 다니다 보면 여기저기에서 들려오는 코란 경전 소리를 비롯하여 메드레세라는 이슬람 신학교로 가는 젊은이들의 발길이 끊이지 않고 있음을 볼 수 있다. 또한 흙으로 만든 집과 흙담을 보면 과연 이곳이 옛 실크로드 지역이로구나 하는 생각이 절로 든다. 에스키 샤카르(eski shakhar)구시가의 유적을 따라 낮은 진흙벽돌집과 모스크사원, 메드레사가 늘어서 있는 미로 같은 좁고 지저분한 거리를 산책하다 보면 실크로드의 흔적과 이슬람의 현주소를 잘 엿볼 수 있다. 한창 복원되고 있는 쿠켈다쉬 메드레사(Kukeldash Medressa)는 웅장한 16세기의 학교로 금요일 아침이면 이곳의 광장에 예배자들로 넘쳐난다. 쿠켈다쉬 옆의 큰 야외시장인 초르수 시장(Chorsu Bazaar)에는 시골에서 온 듯한 전통복장을 입은 수많은 사람들이 몰려들어 법석을 부리는 곳이다. 어느 시장에서나 그렇듯이 시장에서는 물건을 파려는 사람들과 싼값으로 물건을 사려는 사람들이 뒤엉켜 야단법석이다. 이곳은 바로 생명이 살아서 숨 쉬는 공간이 아닐 수 없다. 낮은 흙담집들을 지나 타쉬켄트 구도시의 좁은 골목을 빠져 나오면 이슬람 종교본부가 있는 체리셰이크 사원이 나온다. 사원에서 만난 이슬람교도들은 거침없이 "내사원에 들어와서는 남의 경전을 말하지 말라"고 이야기한다. 자신들의 종교에 대해서 가지는 대단한 자부심을 그들은 이렇게 표현하고 있는 것이다. 우즈베키스탄은 구소련으로부터 독립한 15개 공화국 중 전통문화가 가장 활발하게 되살아나고 있는 나라다.

타쉬켄트에서 가장 오래된 문화의 흔적은 역시 거대한 박물관에서 찾을 수 있다. 박물관에는 러시아 이전의 투르크스탄 예술품과 조로아스트 작품, 1000년 된 온화한 부처상, 소그디인의 벽화가 소장되어 있다. 건물 자체는 전통적인 타쉬켄트 양식으로 지어졌지만 세기의 전환점에서 응용미술의 전시장으로서 1937년에 개관한 응용미술관은 소장품보다 더 흥미로운 곳이다. 타쉬켄트에서는 역사, 골동품, 문학, 지질학, 철도 등등에 관한 여러 전문적인 박물관이 산재해 있어서 박물관을 둘러보면서도 몇일은 쉽게 보낼 수 있다.

이슬람교가 부활되고 러시아 말을 대신해 우즈베크 말이 새 공용어로 자리 잡았다. 1991년 소련이 몰락하기 전에는 타쉬켄트에서 태어나서 자란 우즈베크인들은 흔히 그들 조상 들이 사용해 온 우즈베크어보다 러시아어를 더 자유롭게 사용 했다. 지금은 우즈베크어가 공식언어가 되었으며 이로 인하여 러시아어를 사용하는 많은 직업인들이 적응하지 못하고 그 나라를 떠나야 하는 입장이 되었다. 정부기관이나 대학에 취직하려면 반드시 우즈베크 말을 능란하게 구사해야 한다. 교육기관에서의 모든 강의도 우주베크 말로 실시된다. 이같은 민족정신 덕분에 현재 우즈베키스탄에서 민족주의는 공산주의에 대신한 국민통합의 이데올로기가 되고 있다. 타쉬켄트 거리를 걷다보면 과거의 영광을 되살려 '위대한 우즈베키스탄을 건설하자' 는 구호를 흔히 볼 수 있다. 여느 쇠

잔한 공산국가에서와 마찬가지로 타쉬켄트에서도 실크로드의 찬란한 과거는 사라져버리고 자본을 중시하는 현재만이 남아있을 뿐이다.

고선지 장군과 조명희

중앙아시아 각국은 구소련으로부터 독립한 이후 민족교육과 민족문화, 역사 등을 강조하고 있다. 민족의 정체성을 얘기한다는 사실자체가 이미 타 종족이나 타문화와의 차별성을 강조하는 것이라고 볼 수 있다. 모국어에 대한 선호는 특히 심해서 관공서의 서류나 공식회의에서 사용되는 언어는 러시아어에서 현지의 모국어로 빠르게 대체되고 있음은 이미 이야기한대로다. 타쉬켄트에서 민족 정체성을 이야기할 때 가장 중요한 인물은 우즈베크 문학의 아버지라 불리어지는 알리세르 나보이다. 중앙아시아의 다른 어느 지역에서와 마찬가지로 우즈베키스탄 지역은 전쟁으로 점철된 험난한 역사를 가지고 있다. 인간정신을 황폐화시키고 사람들을 공포와 빈곤으로 내몰 때 이같은 상처를 보듬고 치유해주는 것은 바로 문학과 예술의 역할이다. 인간의 존엄과 삶의 가치, 민족에 대한 사랑을 일깨워준 나보이의 문학은 그것이 바로 모국의 언어로 모국의 강산을 노래했기 때문에 우즈베크 사람들을 하나로 묶을 수 있었다. 그리고 지금도 그를 칭송하여 건물과 도로에 '나보이' 란

008 WorldCup

이름을 붙여 놓았다. 시내거리 곳곳에는 나보이의 이름을 붙인 거리도 있고, 나보이 박물관, 나보이 극장, 그리고 나보이 지하철역도 있다. 이 같은 명칭만 보아도 우즈베크에서 나보이가 얼마나 유명한 인물인지 금세 알 수 있다.

시내에 나보이 이름을 딴 건물이 여럿 있지만 대표적인 곳은 나보이 극장이라 한다. 타쉬켄트의 대표적 명소의 하나인 이곳은 2차 대전 때 잡힌 일본군 포로들이 완공했다. 중앙아시아의 볼쇼이 극장이라고 불리기도 하는 이 건물에는 각각 타쉬켄트, 사마르칸드, 부하라, 히바, 테르미즈, 페르가나를 상징하는 6개의 휴게실이 있다. 천4백석의 오페라 홀에서는 세계 정상급의 오페라와 러시아발레단의 공연이 연중 개최되고 있는데, 어찌된 일인지 입장료는 우리 돈으로 몇 천 원이면 충분해서 타쉬켄트를 찾을 때 빠뜨릴 수 없는 방문지가 아닐 수 없다. 막 결혼식을 마친 남녀가 먼저 나보이 동상 앞에 꽃을 받치며 사랑을 맹세하는 것을 보면서 가히 나보이는 민족의 영웅임을 알 수 있다.

구소련이 붕괴한 이후 우즈베크에서 그동안 움츠렸던 이슬람문화는 다시 강하게 부활하게 된다. 특히 타슈겐트 지역에 이슬람의 영향이 강력한 것은 오랜 역사로 거슬러 올라가게 되면 고선지장군 때문인지 모른다. 751년 고구려 유민 고선지가 이끄는 당나라 군대는 지금의 키르기스스탄에서 아랍군에 참패했다. 그때부터 이 지역은 이슬람화 됐다. 돈황을 발굴한 영국의 마크 스타인은 그가 쓴 〈중앙아시아 답사기〉에서 고선지 장군을 위대한 영웅으로 묘사한다. 668년 고구려가 멸망하자 망국의 한을 품고 현재 중국 신장 땅인 당나라 안서로 간 고선지는 20세의 어린나이에 서역 정벌을 총지휘하는 장군으로 활약케 된다. 그는 750년 1만 대군을 끌고 파미르고원을 넘어 타슈켄트 정벌에 나선다. 타슈켄트와의 전투에서 대승을 거두고 왕을 생포해 당의 수도 장안으로 호송한 그는 일약 중국의 영웅으로 등장하게 된다. 그러나 이듬해 당의 석국지배에 불만을 품은 아랍제국이 한손에 코란, 다른 손에 검을 들고 동진을 시작하게 된다. 천산산맥 기슭의 키르기스탄의 탈라스평원에서 마주친 아랍군과 당군의 전투에서 당군은 참패를 당하게 된다. 승전의 영웅에서 일약 패전 장군이 된 고선지는 당 현종의 총애를 잃고 처형된다. 이 전쟁으로 인해 타슈켄트는 이슬람의 영향 하에 놓이게 되었다. 이같은 역사를 살펴보면 타슈켄트를 지배하고 있는 이슬람의 영향을 쉽게 짐작할 수 있게 한다.

고선지 장군과의 인연 탓인지 타슈켄트는 여러 가지 점에서 한국과 인연이 있는 곳이다. 우즈베키스탄과 카자흐스탄과 같은 중앙아시아의 여러 지역에서와 마찬가지로 구소련에 의해서 1937년 연해주에서 강제이주 당한 한인들의 상당수가 지금의 타슈켄트 근방에 정착했고 그 후손들이 3세까지 뿌리를 내려 오늘날 이 지역에서 삶을 영위하고 있다. 한인들의 삶의 흔적은 타슈켄트 곳곳에 남아있다.

나보이 문학박물관은 나보이의 문학 활동과 창작물을 일목요연하게 볼 수 있기 때문에 유명한 곳이지만, 우리에게는 3층에 있는 '낙동강'으로 유명한 작가 포석 조명희의 유품들이 전시된 기념관이 있기 때문에 반드시 들러야 할 곳이다.

조명희의 필명은 적로笛蘆이다. 그는 1920년대에 프롤레타리아 문학을 새로운 단계로 발전시켰으며 소련 망명 후 재소在蘇한인 문학 건설에 힘썼다. 원래 가난한 양반 집안의 아들로 태어나 중앙고등보통학교를 중퇴하고 3·1운동에 참가해 투옥되기도 했다. 1919년 일본 동양대학 철학과에 입학해 힘들게 수학하 동양신문물과 사상에 몰두하게 되었고, 특히 문학공부에 몰두하게 되었다. 1925년 조선 프롤레타리아 예술가동맹(KAPF)에 가담하여 이기영, 한설야 등과 마르크스주의 연구모임을 만들어 이를 주도했다. 1928년 8월 일제의 탄압을 피해 소련으로 망명한 뒤로는 한인촌 교사로 일했고 연해주 한인신문 〈선봉〉등에 글을 발표했다. 1934년 소련작가동맹의 원동遠東 지부 간부를 지냈으나, 스탈린의 소수입학탄압정책의 와중에서 일본간첩이라는 누명을 쓰고 체포되어 처형당했다. 조명희의 문학기념관은 1988년 타슈켄트에 세워졌다. 기념실에는 조명희의 흉상과 함께 '그러나 필경에는 그도 멀지 않아서 잊지 못할 이 땅으로 돌아올 날이 있겠지 락동강' 이라고 쓰인 액자가 걸려 있다. 조명희가 이야기하지 않더라도 낙동강은 어제도 오늘도 앞으로도 유장하게 흘러가고 있다. 그 강과 더불어 파란만장한 애환의 삶을 살아온 우리의 역사도 지금까지 계속 흐르고 있다. 그러나 조명희는 그렇게 그리던 조국 땅으로 돌아오지 못한 채 이국땅의 형장에서 사라지고 말았다. 타슈켄트의 남쪽에는 '조명희 거리' 라고 불리우는 거리도 있다. 문학혼을 제대로 꽃피어 보지도 못한 채 한 많은 일생을 마감한 조명희는 이국땅에서 그나마 이름으로만 남아 그의 문학을 사랑하는 사람들의 가슴을 아프게 한다.

타쉬켄트의 중심지인 티무르 공원과 나보이 극장을 연결해 주는 곳이 브로드웨이 거리이다. 이곳 사람들은 스크베르(소공원)라고 부르고 있지만 젊은이들에게는 '브로드웨이' 로 불리워진다. 주변에 대학이 있고, 이곳에서 젊음과 낭만을 만끽하고자하는 젊은이들이 이렇게 부른데서 연유한 듯하다. 실제로 이곳 브로드웨이는 각종 잡화들과 책, 그림 등을 팔고 사는 사람들로 가득차고 길 양쪽으로는 줄지어 선 노천카페의 아름다운 음악이 오가는 사람들을 유혹한다. 저녁나절이면 팔짱을 낀 젊은 연인들이 길을 메운다. 특히 이곳에서도 우리나라의 드라마인 '대장금' '겨울연가' 같은 드라마가 한류열풍을 일으키고 있어

한국에 대한 관심이 고조되고 있다. 이곳 젊은이들은 한국에 가서 공부를 하고 돈을 버는 것이 커다란 소망이라고 한다.

사마르칸드 가는 길

중앙아시아 실크로드 최대의 도시였던 사마르칸드(Samarkand), '동방의 에덴' 으로 불리던사마르칸드는 타슈켄트에서 남서쪽으로 350km

떨어진 곳에 위치한다. 사마르칸드로 가기 위해 아침 일찍 서둘러 열차를 탄다. 열차가 한 시간 여를 달리기 시작하더니 차창 밖으로는 간혹 높은 산들이 보이다가 오아시스 같은 강과 호수가 나타나기도 한다. 들판에서 한가로이 어슬렁대며 풀을 뜯는 소떼들과 양떼들이 눈에 띈다. 끝없는 사막길만 보아오다가 오랜만에 푸른 물과 풀을 보니 갑자기 가슴 속에서 생명의 축복과 환희가 꿈틀대는 듯하다. 그 옛날 힘들게 실크로드를 걷다가 물과 풀을 만난 대상들의 심정이 이러했을까.

저 길은 얼마나 많은 사람들의 발자국이 새겨져 길이 되었을까. 저 나무는 얼마나 많은 잎들을 떨어뜨리고 다시 키워내며 저곳에 서 있을까. 강과 호수는 얼마나 많은 것들을 끌어안고, 얼마나 먼 곳을 그리워하였기에 저리 푸르고 깊은 것일까. 밤 별들은 사라진 이름들을 얼마나 애타게 불렀기에 저리도 명멸하고 있는 것인가. 내 삶은 얼마나 많은 것을 놓치고 버린 뒤에야 내 것이 될 것인가. 가지만 꽂아놓아도 뿌리가 내린다는 생명의 땅, 머리 위에서 어깨에서 발밑에서 가지가 돋아나듯 생명의 환희가 솟아오른다. 어디에서나 성장은 축복이고, 성장하는 동안 그들의 삶은 축제와 같이 살아난다. 차창 밖으로 스쳐지나가는 모든 것이 살아 꿈틀대고 있었다. 살아서 움직이는 모든 것을 경험하지 못하면 참된 것이 아니다. 마찬가지로 이 세상에서 영원하게 변치 않는 길이란 없다. 따라서 여행자에게 길은 없다. 여행은 없는 길을 걸어서

만들어 찾아 가는 과정이다.

열차가 서쪽으로 달려갈수록 산과 강은 사라지고 서서히 다시 사막이 나타난다. 저 사막의 끝에서 나타나는 도시가 바로 티무르 제국의 수도였던 사마르칸드이다. 사마르칸드는 공업 및 교육, 문화의 중심지로서 우즈베키스탄 제2의 도시이다. 사마르칸드 시내에는 많은 사적이 있으며 최근 칭기즈칸의 군대에 의해 폐허가 된 구시가의 발굴이 이루어져, 8세기경의 아랍 침공 이전의 궁터가 발견되고 화려한 벽화를 비롯한 유물들이 출토되었다.

사마르칸드는 실크로드의 중심으로서 고대 호레즘시대부터 마라칸다로 알려져왔고, 중국에서는 강국康國이라고 불렀다. 기원전 5세기경 제라프샨강 유역에 살던 소그드인들은 오아시스가 있는 아프라시아프 언덕에서 도시를 건설했다. 그 후 사마르칸드는 여러 민족의 침략과 지배를 받아왔다. 기원전 4세기 알렉산더 대왕의 정복, 8세기 아랍인의 침략에 의해 세워진 사라센제국, 13세기 칭기즈칸의 침략 등으로 이 도시의 주인공은 바뀌었다. 이렇게 옛날부터 부유했던 이 도시는 기마유목민들의 침입을 수없이 당했고, 특히 13세기에 이곳을 침입한 칭기즈칸은 도시를 철저히 파괴했다. 아프라시아프 박물관에는 "칭기즈칸 군대는 사마르칸드에 던져진 폭탄이었다"고 기록될 정도이다.

칭기즈칸의 침입으로 파괴되고 남아 있는 유적은 대부분 14세기 이후 티무르 제국 시대에 만들어진 것들이다. 사마르칸드는 칭기즈칸의 정벌로 폐허가 되었지만 그 폐허 위에서 티무르가 제국을 세우면서 다시 태어난다. 티무르 왕조가 몽골에 의해 철저하게 파괴된 사마르칸드를 다시 부활시킨 것이다. 티무르는 이 도시를 세계의 중심으로 만들기 위해 원정을 떠나면 닥치는 대로 그 지역의 유명한 예술가와 건축가들을 끌고 와 이 도시를 세상에서 가장 아름다운 도시로 만들게 하라고 명령했다. 특히 그는 푸른색을 좋아해 사마르칸드를 푸른도시로 만들었다. 이런 이유로 사마르칸드를 '푸른 도시'라고 부르기도 한다. 그래서 오늘날도 사마르칸드 곳곳에 산재한 중세 모스크와 왕족들의 묘들과 사원의 돔들이 모두 푸른색을 띠게 되었다. 주변의 황량한 황토 빛 사이에서 사마르칸드의 푸른빛은 더욱 빛을 발한다. 이 푸른색은 청록 빛깔의 터키석 장식이 연출해 내는 신비감의 근원이기도 하다. 사람들이 사마르칸드를 '동방세계 이슬람의 진주'로 부르게 된 것도 이 때문이다.

영웅 티무르

사마르칸드의 현재와 과거는 이 도시의 영웅인 티무르와 떼여놓고 생각할 수 없다. 역사에는 그 시대를 풍미한 영웅호걸들이 수없이 많지만 티무르처럼 세상에 두각을 나타낸 풍운아는 흔치 않다. 그는 1336년에 태어나 1405년에 일생을 마칠 때 까지 빛과 어둠 속을 넘나들며 선과 악, 행운과 불운이 엎치락뒤치락하는 파란만장한 삶을 살다간 인물이다. 그의 파노라마 같은 일생은 많은 사람들의 입에 오르내리며 수수께끼 같은 인물로 평가되었다. 1966년 대지진 뒤 계획도시로 설계한 타슈켄트 신시가지는 어느 길을 가던 중심부의 티무르 광장에 가닿는다. 광장 한복판에는 우즈베키스탄의 상징인 듯 비상하는 말을 탄 티무르 동상이 서있다. 원래 그 자리엔 마르크스 동상이 있었다. 현 대통령 카리모프가 내심 티무르 제국의 부활을 꿈꾸면서 티무르의 동상을 다시 제막했다고 한다. 티무르는 사마르칸드 남쪽으로 80km쯤 떨어진 케쉬(현 샤흐리사브즈) 부근 호쟈이루그 마을의 한 몽골부족 가문에서 태어났다. 후일 제국을 세운 뒤 이곳에 궁전을 지었는데, 궁전 기둥에는 "누가 내 힘을 의심하면 내가 지은 이 궁전을 보여드리라"는 말이 새겨져 있다. 이 얼마나 자신만만하고 호기로운 말인가.

임기응변과 권력을 위한 변신의 화신이었던 티무르는 젊은 시절부터 여러 정치세력 사이를 오가면서 정치적 기반을 다져갔다. 모반을 다반사로 하고, 상대 정치세력을 이용해서 자신의 힘을 강화해가면서 마

침내 제국의 대권을 움켜잡게 되었다. 갖은 우여곡절 끝에 왕위에 올랐지만, 칭기즈칸의 직계자손은 아니어서 '칸'이 되지는 못했다. 그러나 칭기즈칸 후예의 딸과 혼인했다는 이유 때문에 '구르간(사위)의 아미르(지배자)'라고 불리게 되었다. 티무르는 권력을 잡자마자 다른 나라를 정벌하는 데 자신의 모든 정열을 바쳤다. 자신의 부족들로 강력한 친위대를 중심으로 대외정복에 나섰다. 약 30년간의 정복전쟁의 결과 서쪽으로는 소아시아와 지중해 동안의 시리아, 동쪽과 남쪽으로는 차카타이 칸국과 북인도, 북쪽으로는 카프카즈와 킵차크 칸국까지 아우르는 대제국을 건설하게 된다. 사마르칸드의 수많은 유적과 이슬람 풍의 건물들은 대부분은 티무르와 연관된 것들이고 그의 영웅적 행적을 그린 것들이다.

정복왕이었던 티무르도 결국은 정벌 길에서 죽고, 그의 손자도 원정에서 죽었는데, 할아버지인 티무르보다 먼저 죽은 손자를 위해 지은 무덤이 구르에미르다. 구르에미르는 '지배자의 무덤' 이라는 뜻이다. 무덤에 들어서면 티무르 치세 때의 넓은 영토가 지도에 표시되어 있고 푸른 타일로 장식된 내부에는 '알라는 위대하다' 라는 코란 문구와 함께 관이 놓여 있다. 하지만 보이는 관은 위치만 나타낸 것이고 실제 무덤은 더 아래 깊은 지하에 숨겨져 있다. 스승을 존경한 티무르는 자신의 무덤을 스승의 것보다 작게 만들라고 유언을 남겼다. 구르에미르에서 가장 큰 무덤은 티무르의 것이 아니라 그의 스승의 것이다. 아울러 티무르는 자신이 죽은 후에 무덤이 절대로 열리는 일이 없도록 하라고 유언을 남긴다. 그러나 호기심 많은 후세인은 티무르의 무덤을 열고 그가 절름발이였던 것을 알아내었고 그를 '절름발이 티무르' 라 불렀다.

실크로드의 낭만, 사마르칸드

사마르칸드 만큼 실크로드의 낭만을 듬뿍 담고 있는 이름도 없다.

그 옛날부터 사람들에게 그리고 실크로드를 왕래하는 대상들에게 사마르칸드는 오아시스라는 이름만큼이나 신비롭고 멀리 떨어진 전설적인 곳이었다. 티무르 제국의 영광이 기념비와 같이 웅장하고 생생하게 펼처진 사마르칸드에는 그 풍부한 역사와 전설이 그림자와 같이 드리워져 있다.

실제로 도시 곳곳에는 수많은 모스크(사원)와 미나렛(탑)들이 자리하고 있어서 마치 동화 속의 나라에 들어온 듯 한 착각을 일으킨다. 유네스코가 사마르칸드를 세계문화도시로 지정한 것이 우연이 아니니다. 구소련 고고학자들은 30년대부터 옛 사마르칸드의 도성이 있던 아프라시압 폐허를 발굴, BC 2~3세기경 박트리아왕국의 그리스인들이 사용하던 동전에서부터 중국 도자기에 이르기까지 다양한 유물이 쏟아져 나왔다. 특히 7세기경 소그드 아흐르만왕의 궁전 벽화에는 유럽, 중국, 아랍, 심지어 신라인으로 추정되는 아시아인에 이르기까지 동서양 사절단들의 모습이 그려져 있어 사마르칸드의 과거 위상을 실감케 한다.

사마르칸드에서 그 옛날의 영화榮華를 음미할 만한 곳을 찾기란 어렵지 않다. 사마르칸드에는 많은 유적과 이슬람풍의 건물들이 있지만 레기스탄 광장과 비비하님 사원 그리고 구르 에미르가 손꼽을만한 곳이다. 사마르칸트에서 유명한 대부분의 유적들은 14, 15세기에 사마르칸트를 중앙아시아의 경제, 문화, 학문의 중심지로 만든 티무르와 그의 손자 울루그벡, 우즈벡 샤이바니드인의 작품이다. 이때 만들어진 작품들은 거의 중요한 유적이 되어 그 구조가 만들어질 때와 크게 변화되지 않은 채 현재까지 구시가에 존재하고 있다. 레기스탄(Registan)은 사마르칸트의 가장 중요한 자랑거리이자 중앙 아시아에서 가장 경외심을 불러 일으키는 것이다. 사마르칸드 시내의 중심인 레기스탄은 수많은 마졸리카 도자기, 담청색 모자이크, 거대하고 아름답게 분할된 공간을 제공하는 메드레사를 가리는 웅장한 종합건축이다. 레기스탄 광장의 정면 그리고 좌우에 둥근 돔의 건축이 자리하고 있는데, 과거 이곳에서 왕의 알현식이나 종교적인 모임을 했다. 세 개의 건축물은 메드레세라고 불리며 이슬람 신학교로 종교와 함께 천문학과 철학, 역사, 수학과 음악을 연구했던 곳이다. 이곳의 푸른 빛 둥근 돔은 사마르칸드를 대표하는 건축물이다. 특히 쉬르도르 메드레세는 샤머니즘과 불교가 혼합된 독특한 이슬람양식으로 지어져 눈길을 끈다. 기하학적인 무늬가 이어지고 내리쬐는 햇살아래 푸른 타일은 눈부시게 반짝인다. 지금도 이곳에서는 각종 공연과 축제 그리고 '빛과 소리의 제전' 이 개최된다.

중앙아시아 최대의 모스크인 사마르칸드의 비비하늄 모스크는 티무르의 아름다운 왕비 비비하늄을 위한 곳이다. 아름다운 모스크에 숨겨진 전설은 아름답기보다는 슬프다. 왕비 비비하늄은 인도로 원정을 떠난 티무르가 돌아오는 시간에 맞추어 선물로 주기 위해 세상에서 가장 아름다운 모스크를 짓기 시작했다. 각지에서 훌륭한 기술을 가진 건축가와 장인들, 100마리에 가까운 코끼리까지 동원하여 모스크를 짓기 시작했다. 그러나 비비하눔의 아름다움에 반한 한 기술자가 자신의 사랑을 받아주지 않으면 모스크를 짓지 않겠다고 협박한다. 비비하눔은 오로지 모스크를 짓겠다는 일념으로 자신을 희생한다. 그러나 이 사실이 티무르에게 발각되어 기술자는 달아나고 비비하눔은 죽임을 당한다. 그 뒤 티무르는 모든 여성에게 얼굴을 검은 천으로 가리라는 명령을 내렸고 그 천은 차도르가 되어 지금까지 이슬람 여인의 얼굴을 가리고 있다. 비비하눔은 티무르 생전에도 다 완공되지 못했고, 완공 이후에도 지진으로 훼손되고 도굴꾼들에게 약탈되었다. 현재 파괴되었던 부분을 보수하고 있는데, 재정지원이 넉넉하지 않아 언제 완공될지는 미지수라고 한다. 비비하눔 모스크의 석조 아치 아래에 한참동안 서 있었다. 수백 년 동안 풍상의 세월을 견뎌낸 모스크의 아치가 멀어졌다가 다시 돌아오는 듯 했다. 모스크 아래로 비비하눔의 후예인 이슬람 여인이 차도르를 깊이 눌러 쓴 채 지나간다.

사마르칸드에서 가장 생기 있는 곳은 비비하눔 모스크사원 주변의 시장거리이다. 여느 시장판과 같이 이곳에서도 다양한 농산물을 가지고 나온 농민들이 다채로운 전통복장과, 모자, 터번 등을 쓰고 갖가지

상품들을 활기차게 떠들면서 팔고 있다. 정기적으로 열리는 시장은 인근 지역이 이는 다양한 민족들이 몰려들어 물건들을 전시해 판다. 시장의 한 모퉁이이 조선족들의 후예같이 보이는 사람들이 김치와 과일 같은 것을 준비해 파는 것이 눈이 띤다. 이제 세계의 어디에서나 우리 민족들이 모퉁지 않는 곳이 없족들이 모퉁지의 시장 한 구석에서도 조선족들의 생존을 위한 끈끈함은 살아 생동하고 있었다.

사막의 오아시스, 부하라

부하라는 '사막의 오아시스'라고 불릴 정도로 아름다운 도시이다. 우즈베키스탄에서 머물면서 부하라를 결코 빠뜨릴 수 없어 그곳을 방문하기로 했다. 부하라는 사마르칸트에서 열차로 6시간, 타쉬켄트에서는 장장 12시간이나 걸리는 기차의 종착역이다. 또한 이곳에서는 카자흐스탄의 알마타까지 가는 기차가 매주 운행되기도 한다.

부하라는 사마르칸드에 비하면 규모가 작은 도시지만 전성기에는 모스크와 신학연구와 교육을 담당했던 기관인 메드레세가 수백 개나 되었다. 1000년의 역사에 걸쳐있는 건물과 2세기동안 그리 많이 변하지 않은 완전히 살아있는 도시 부하라는 중앙 아시아의 오랜 역사의 흔적을 찾을 수 있는 가장 좋은 곳이다. 사마르칸드의 도시 곳곳에 산재한 눈부신 푸른 모자이크에 비해 부하라의 평범한 갈색 건물들은 다소 칙칙한 느낌을 주어 분위기를 반감시키는 듯하다. 그러나 도심지의 곳곳에 오랜 건축물이 잘 보존되어 있으며 거대한 왕궁, 요새, 여러 곳의 옛 메드레사, 고대의 공중 목욕탕, 옛날의 거대한 시장터의 유적이 남아 있어 여행객을 옛 도시의 분위기에 빠져들게 한다. 부하라 시에는 140개 이상의 건축물이 보존되어 있지만, 가장 볼만한 곳으로는 연못 주변에 세워진 17세기의 광장인 라비 하우즈(Labi Hauz), 세 개의 돔으로 된 시장, 47미터 높이로 아시아에서 가장 높은 건축물인 12세기의 칼란 첨탑(Kalan Minaret), 905년에 건축되어 부하라에서 가장 오래되고 정교한 건축물로 알려진 이스마일 사마니(Ismail Samani)의 모슬렘, 아르크 성 등이 있다.

칼란 첨탑은 사마르칸드 평지에서 뚜렷하게 솟은 탑으로 도시의 상징의 역할을 한다. '칼란' 은 크다는 뜻이고 미나렛은 '첨탑' 이라는 뜻이다. 미나렛 중에서도 칼란 미나렛은 높이가 46m로 칭기즈칸 침공 당시 가장 높은 탑이었다. 칭기즈칸이 원정 왔을 때, 탑을 목표로 부하라를 공격했으나 막상 탑에 당도하자 그 아름다움에 매료되어 파괴하지 말 것을 명령했다고 할 정도이다. 이슬람의 도시에서 미나렛은 어디서나 흔히 찾아 볼 수 있는 것이지만 그 옛날의 칼란 미나렛은 하루 5번

이슬람의 기도시간을 알리는 것은 물론 사막을 건너는 대상들에게 목을 축이고 휴식을 취하는 오아시스였다.

칼란 미나렛에는 부하라의 슬픈 역사적 의미도 담겨있다. 칭기즈칸이 정벌한 후 부하라를 통치한 잔혹한 칸은 죄수를 이곳에서 처형했는데, 자루에 담아 맨 꼭대기에서 떨어뜨렸다 한다. 오르기 쉽지 않은 좁다란 나선형의 통로를 따라 칼란 미나렛의 정상에 오르면 부하라 시내가 한눈에 내려다보인다. 푸른 도시 사마르칸드와는 달리 부하라는 몇 개의 둥근 돔을 제외하면 황토 빛 사막의 도시다. 언제나 정복자들이 다녀간 도시에는 어둠과 슬픔의 흔적이 남아있다. 칼란 미나렛에서 부하라 시가지를 내려다보 후 으면 왠지 어두운 역사의 한고비에서 권력을 휘두르던 권력자의 모습을 되돌아보는 듯해서 마음이 아프다.

아르크 성은 1920년 멸망하기까지 부하라 칸이 살았던 곳이다. 아르크 성은 도시의 전체적인 빛깔과 마찬가지로 두꺼운 황토 빛 벽으로 이루어져 있다. 성곽 위에 올라서 내려다보는 부하라의 풍경은 너무나 아름답다. 내부의 전시실에는 이들의 생활상을 볼 수 있는 악기, 양탄자, 그림, 코란 등이 전시되어 있다. 아름답고 찬란한 디자인의 카펫이 원래 부하라에서 기원했다고 하는데, 그래서인지 서양에서는 특히 부하라의 양탄자를 아주 귀하게 여긴다고 한다. 그러나 현지인들은 유명한 부하라 양탄자는 실제로는 부하라 영토의 일부였던 투르크메니스탄에서 만들어졌다고 귀뜸한다. 실제로 찬란하고 아름다운 카펫을 부하라 사람들이 직접 만들었는지 확인할 길 없지만 사마르칸드나 타쉬켄트의 주민들보다 부하라사람들은 훨씬 더 친절하고 자상했다. 부하라 사람들의 착한 마음씨와 손길이 아름다운 카펫도 만들어 낸 것은 아닌가 하는 엉뚱한 생각을 해본다.

마지막 실크로드,
카자흐스탄

중앙아시아의 역사는 몰락한 명문가의 잡초 무성한 마당처럼 황량하기 그지없다. 수백 년에 걸친 풍화로 백골처럼 허물어져버린 문명의 잔재들은 우리에게 가끔 역사책의 한 귀퉁이를 장식하는 낯설고 먼 곳의 이야기인 듯하다. 그러나 중앙아시아는 우리가 알고 있는 것보다 훨씬 드넓고 유서 깊은 지역이다.

알마티 가는 길

중앙아시아의 마지막 실크로드 카자흐스탄, 내가 이 나라에 간 것은 90년대 후반인 1997년이었다. 구소련의 우산에서 갓 벗어나 자본주의국가들에게 문호를 개방하기 시작할 때였다. 비행기는 저녁 7시 20분 목적지인 알마티를 향해서 김포공항을 이륙했다. 목적지인 알마티까지는 6시간 30분 정도 소요되었으며, 우리나라와는 2시간의 시차가 있었다. 스탈린에 의해 강제 이주 당한 우리 고려인들, 유목민 카자흐인들에 대한 생각으로 계속된 상념에 시달리며 긴 비행동안 잠시도 눈을 붙일 수 없었다.

카자흐인은 BC 1세기경 이 지역에 거주하던 몽골과 터키족의 후손이다. 카자흐스탄 지역은 카자흐족들의 방목지로 사용되어 오다가 18세기 중반이후 러시아제국에 합병되었으며, 19세기 후반 카자흐스탄 북부지역에 러시아인들이 대규모로 거주하게 되었다. 러시아제국의 지배하에 있던 카자흐는 러시아혁명 후 1920년 러시아공화국내 키르기즈 자치공화국으로 되었다가 1925년 거대한 투르크메니스탄 공화국을 분리할 목적으로 행해진 중앙아시아의 국경정리 결과 카자흐 자치공화국으로 개명되었다. 1930년대 카자흐스탄공화국은 소련의 가장 커다란 수용소 역할을 담당하였는데 2차 대진 중 스탈린에 충성하지 않는 것으

로 간주된 많은 소수민족들이 이 지역으로 강제 이주되었고, 그 결과 카자흐스탄공화국은 여러 민족이 뒤섞인 인구특성을 가지게 되었다. 카자흐스탄공화국은 1936년 12월 5일 카자흐 소비에트사회주의공화국으로 구소련의 일원이 되었다가 구소련 붕괴과정에서 여러 공화국들의 연방이탈이 계속되자, 1991년 12월 10일 국명을 카자흐스탄공화국으로 변경하고 12월 16일 독립을 선언하였다. 구 소련치하에 있었기 때문에 공산주의 냄새가 사라지지 않은 상태였으며 국토면적은 세계 9위 수준이나 인구는 1600만 정도로 적고 치안이 안정되지 못하였다.

카자흐스탄의 수도인 알마티는 1854년 유목부락이었던 '사과의 아버지' 라는 의미의 알마티에 러시아군대가 전략상, 식민정책상의 근거지로 베르노예(충성의 땅)를 건설했고, 1867년 베르니시로 개칭했다. 인구가 약 150만 명인 알마티는 우즈벡 공화국의 타슈켄트와 더불어 최대의 한인 거주지로 약 만2천명이 거주하고 있어서 우리나라와 긴밀한 관계에 놓여있다.

알마티 국제공항에 도착했을 때는 칠흑 같은 어둠이 깔린 자정 가까운 시각이었다. 공항에는 알마티대학의 국제부에 근무하는 여직원 고하르(Gorhar)양과 이고르(Igor)씨가 마중 나와 있었다. 우리나라의 60년대식 트럭 비슷한 버스를 타고 안내된 숙소는 교육연수원 소속의 유료

기숙사 같은 곳이었다. 일행은 이곳에서 계속 숙식을 했지만 우리나라의 역 근처 싸구려 여인숙보다도 못한 곳이었다. 어두침침한 방 하나에 금방 부서져 내릴 것 같은 침대가 여러 개 설치되어 있는 공동 숙소로 샤워는 일층에서 공동으로 해야 했으며 그나마 따뜻한 물은 구경할 수 없었다. 샤워기에서 나오는 물은 얼마나 차가운지 엎드려 팔굽히기를 수십 번 반복한 후에 급히 샤워를 하는 요령을 스스로 익혀나갈 정도였다. 화장실은 각층마다 공동으로 이용하게 되어 있었으며 그나마 좌변기에 기마자세로 걸터앉아야 용변이 가능할 정도로 주변이 더러웠다. 우리나라의 60, 70년대를 연상시키는 이 같은 숙소는 정말이지 우리사회의 환경이 얼마나 좋아졌는가를 다시 한번 느낄 수 있는 기회였다.

늦잠을 자고 일어나 숙소에서 제공받은 아침 식사는 먹기 힘든 것이었다. 이곳에서의 식사는 주로 양고기로 만든 기름기가 가득하고 고약한 냄새를 풍기는 수프, 딱딱한 빵, 죽 비슷한 것에 기름을 친 잡탕, 설탕을 가득뿌린 홍차 비슷한 음료 등이었다.

오전에는 알마티 시내에 있는 중앙음악당(Central Music Hall), 알마티의 민족적 영웅으로 추앙받는 아바이(Abai) 동상, 돈부라 악기(카지흐스탄의 전통악기)를 연주하고 있는 잠브(Zambu) 동상 등을 둘러보았다. 또 독립기념탑, 주변의 정부 1, 2 청사, 대통령궁 입구를 가보았다. 독립기념탑 주변은 각종 공식적 행사가 치러지는 우리나라의 세종로와 비슷한 곳으로 보였다. 소련연방으로부터 독립한지가 짧은지라 국가의 모든 시설들이 다소 조잡해 보였고 역사적 의미가 깃들여 보이지를 않았다. 독립기념탑 주변에는 갓 결혼식을 치른 신랑 신부가 가족 친지들에 둘러싸여 축하를 받으며 사진을 찍고 있었다.

숙소로 돌아와 아침과 비슷한 점식식사를 하고, 오후에는 이곳의 유명한 청과시장(Green Market)을 둘러보았다. 각종 야채와 과일만을 전문적으로 취급하는 대규모 청과시장이었다. 일층의 어느 코너에서는 고려족(중국의 연변지역에서 조선족이라고 불렀던 거와는 달리 이곳에서는 우리 한족들의 후예를 고려족이라 불렀다)으로 보이는 사람들이 고추, 배추 등 우리들에게 다소 낯익은 과일과 야채들을 팔기 위해 손님을 끌고 있었다. 우리 한민족들의 부지런함이 이역만리 청과시장에서도 드러나고 있는 것 같아 감회로웠다. 청과시장을 나와 선열공원으로 갔다. 선열공원에는 세계 이차대전 때 독일의 침공에 맞서 전사한 28인의 전사비와 기념탑, 그리고 외국원수들이 이곳을 방문할 때 반드시 들러 식수한다는 대통령 식수대 등이 있었다.

1997년 동계올림픽이 개최되었다고 하는 마데오 스케이트장(Medeo Skating Stadium)에 도착했다. 이곳에서 침불락(Chimbulak) 산에 오르기 위해

1시간 정도 걸었으나 계속된 폭우로 인하여 산행을 포기하지 않을 수 없었다. 여름에는 34, 5도를 오르내릴 만치 덥지만 매우 건조한 반면, 소나기가 자주 내린다고 한다. 결국 침불락 산행을 포기하고 아라산(Alma Arasan)을 향했다. 아라산은 중앙아시아의 사막지역과 달리 전통적인 산간지역으로 자연 속에서 생활하는 원주민들의 모습을 볼 수 있었다. 아라산으로 향하는 도중에 전통음식점에서의 식사는 비교적 구미에 맞는 것으로서, 특히 그들이 숯불 같은 곳에서 구워내는 닭고기는 우리의 통닭구이를 연상시키는 것이었다. 이곳의 시골길 풍경은 지나칠 정도로 한적하고 조용해서, 우리나라의 50, 60년대 시골풍경을 연상시킬 정도였다. 그 가운데에서도 간혹 지나가는 호화로운 신형 벤츠 승용차는 자본주의사회와는 또 다른 사회주의사회의 빈부 격차를 보여주는 것 같아 묘한 기분을 느끼게 하였다.

자정이 가까운 시간에 우리나라 대우에서 생산된 에스페로 자동차를 타고 숙소로 돌아왔다. 여느 사회주의 국가에서도 그렇지만 이곳에서는 영업용 승용차보다는 자가용의 영업행위가 더 많다. 카자흐스탄인 운전수의 얼굴과 손은 검게 그을러 있었지만, 자본주의의 생존경쟁에 덜 오염된 때문인지 표정은 순박하고 밝아 보였다. 이 땅에서 앞으로 전개될 자본주의의 세례를 예고하듯 차창 밖으로 빗줄기는 더욱 거세어지고 있었다.

알마티 아비이 대학을 둘러본 후에 시내의 무역센터(Trade Center)라는 곳을 방문했다. 말이 무역센터이지 우리나라의 조그만 백화점 규모의 상품매장으로 보였다. 앞서 이야기한대로 상품의 대부분이 수입품인지라 물건 값이 비교적 비쌌다. 매장의 상품, 특히 전자 매장의 대부분 상품들이 우리나라의 대우, 삼성 등의 물건들이라 다시 한번 우리 산업과 기업의 성장이 어느 정도인가를 실감할 수 있었다. 무역센터를 나와 막심고리키 공원을 방문했다. 막심 고리키는 톨스토이, 도스토에프스키와 함께 러시아 문학뿐 아니라 세계문학사에 기록될 중요한 작가인지라 이곳에서 고리키에 대한 중요한 자료들을 볼 수 있으리라 기대했다. 그러나 이곳은 고리키공원이라는 명칭이 무색할 정도로 고리키의 흔적은 어디에서도 찾아볼 수 없었고 위락시설만이 가득했다.

카레이스키의 비애

알마티 한국어교육원을 방문했다. 한국어교육원은 1991년 8월22일 알마티에서 현지의 고려인들에게 모국어를 교육시킬 목적으로 소규모로 개원 되었으나, 97년 가을 현재의 건물로 이전한 이후로는 연극공연장, 무용실, 학습실, 컴퓨터실 등을 갖추고 우리 교민들에게 한국어는 물론이고 연극, 무용, 컴퓨터 교육 등을 시키고 있다. 현재 교육원에서 한국어 강좌는 일주일에 36개가 개설되어 200여명이 수강하고 있으며, 이곳의 카자흐대학, 아바이대학 등과 같은 주요 5개 대학에서도 한국어학과가 개설되어 200여명이 한국어를 전공하고 있다고 한다. 흥미로운 것은 사할린이나 모스크바 지역에 비해 카자흐지역에서는 고려인들 사이에 모국어에 대한 열의가 현저히 사라져 가고 있다고 하는데 이것이 단순히 지역상의 이유 때문만은 아닌 듯하다. 1937년 스탈린의 강제 이주 정책 이후로 지금까지 고려인들은 피와 눈물을 삼키며 이역만리 타국 땅에서 생존해 오며 조국에 돌아 갈 날을 기다렸으나, 최근 고려인 3-4세들은 선조들의 그러한 소망을 절실하게 생각지 않는다는 것이다. 모국어가 카자흐의 고려 후손들에게서 갈수록 낯설어 가고 있는 것도 이 때문일까. 민족의 비애와 현재를 실존으로 일깨워 주는 소중한 두 사람을 우리는 한국어교육원에서 만났다. 박일朴一과 정추鄭樞 선생이 그들이었다.

박일 선생은 일찍 모스크바 국제대학에서 철학을 공부하고, 북한의 김일성종합대학의 부총장을 지내며 김일성에게 마르크스 레닌주의의 이론을 학습시킨 사람이었다. 후에 김일성자서전을 저술하기도 한 그는 김일성에 관한 지식뿐 아니라, 북한정권의 수립과정과 주변의 권력투쟁에 관하여 누구보다 많은 사실을 알고 있었다. 나중에 선생 자신도 김일성과 김두봉 일파로부터 축출되어 이곳 알마티로와서 아바이대학에서

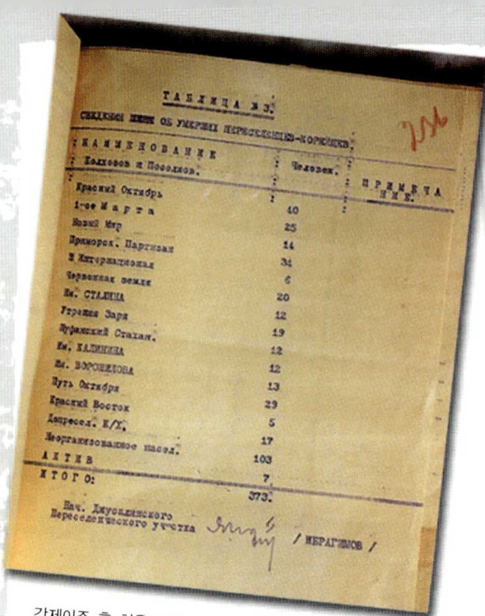

ТАБЛИЦА № 3.

СВЕДЕНИЯ ОБ УМЕРШИХ ПЕРЕСЕЛЕНЦАХ-КОРЕЙЦАХ.

НАИМЕНОВАНИЕ Колхозов и Поселков.	Человек.	ПРИМЕЧАНИЕ.
Красный Октябрь	40	
1-ое Марта	25	
Новый Мир	14	
Приморск. Партизан	34	
3 Интернационал	6	
Червонная земля	20	
Им. СТАЛИНА	12	
Утренняя Заря	19	
Дуфанский Стахан.	12	
Им. КАЛИНИНА	12	
Им. ВОРОШИЛОВА	13	
Путь Октября	29	
Красный Восток	5	
Лепресел. К/Х.	17	
Неорганизованное насел.	103	
АКТИВ	7	
ИТОГО:	373.	

Нач. Джусалинского Переселенческого участка / ИБРАГИМОВ /

강제이주 후 처음 8개월 동안 크즐오르다주 카르막친스키 구역 주살리레서 사망한 이주 한인의 사망자료

박일 P. A., 한국학자, 계몽가

철학과 한국학을 강의하며 현재에 이르고 있지만, 북한과 김일성으로부터 은원恩怨을 동시에 나눈 사람이라 할 수 있었다. 북한과 김일성에 대한 선생의 감정은 아직까지도 다소간에 격앙되어 있는 듯했다.

정추 선생은 모스크바대학 작곡과를 졸업하고 알마티 아바이 대학의 한국어과 과장을 지내고 있는 분이었다. 한국어교육원에서 제공한 점심식사를 마친 후, 정추 선생과 박일 선생이 주도하는 가운데 〈러시아의 한인 이주사〉라는 제목의 강연을 들었다. 강연은 얼마 전 우리나라 TV에서도 방영된 바 있는 〈한민족 러시아 유민사〉라는 다큐를 보면서 그에 대한 설명과 해설을 더하여 진행되었다.

니 P. F., 학자, 계몽가

니 V. X., 부교수

정추, 예술평론가, 작곡가, 교수

1920년대부터 소수의 한인들이 산발적으로 극동러시아에서 중앙아시아로 이주하기 시작했으나 1937년 스탈린정권의 강제이주 정책에 의해 수십만의 한인들이 중앙아시아로 이주했다. 이주 이유는 일본인이 군사첩보의 목적으로 한인을 이용할 것에 대한 우려, 한인수의 증가에 따른 자치요구 가능성에 대한 불안감, 한인의 벼농사 기술을 중앙아시아의 농업개척에 이용하기 위한 목적, 소수민족 분산지배 정책 등이었다. 강제이주는 1937년 9월에서 12월 사이에 이루어졌으며 이주에 앞서 2,500여명의 지도자가 체포되었다. 한인들은 이주 명령을 받아 화물차와 가축 운반철도로 이송되었다. 10만여 명의 한인들은 영문도 모른 채 짐승같이 화물열차에 실려 블라디보스톡에서 타슈겐트까지 40여 일 동안 강제 이송을 당해야 했다. 그래서 그들은 카자흐스탄, 우즈베키스탄 등의 중앙아시아의 여러 지역에 내버려졌다. 시베리아를 횡단하는 동안 추위와 굶주림으로 다수가 사망하였다. 한인들이 당도한 곳은 인가 하나없는 황량한 사막성 초원지대인 우슈토베란 곳으로, 소련당국은 이 황무지에 수십만의 한인들을 내려놓고 아무런 대책 없이 생활하도록 하였다. 신 정착지에서 한인들은 벼농사에 성공하여 3년 만에 경제적 기반을 이룩할 수가 있었으며, 중앙아시아 외 소련 전 지역에 쌀을 공급하였다. 정착과정에서 현지 주민인 투르크계 부족들, 즉 카자흐인, 우즈베크인들이 많은 도움을 주었다한다. 한인들은 2차대전시 병역의무를 이행하지 못하게 되어 이로 인해 적성민족이라는 누명을 벗지 못하였을 뿐만 아니라 후방의 탄광, 군수공장 등의 노동전선에 동원되어 추위, 기아, 강제사역으로 고통 받았다. 그러나 지금의 알마티에는 한민족후예가 3세까지 뿌리를 내려 10만 명 이상 살고 있다. 현지에서 카레이스키라고 불리는 이들은 총인구의 0.7% 정도를 차지하면서 대통령직속 경제개혁위원회 부위원장, 반부패위원회 위원장, 재벌 회장, 은행장, 부행장 등 고위직에 있는 사람들도 적지 않다. 지난 60년 동안 이들은 오직 살아남아야 한다는 일념으로 척박하기 이를 데 없는 땅을 갈아 옥토로 만들었으며, 다른 어느 종족들보다도 근면하고 성실한 민족성으로 이곳에 정착하게 되었다. 박일, 정추 두 분이 들려준 1930년대 강제이주의 역사와 그 이후 고려족들의 삶에 관해서는 상세히 이야기 할 수 없으나, 이분들이 들려준 한민족 러시아 유민사에 대한 지식은 이곳 여행의 백미가 아닐 수 없었다.

한국어교육원을 떠나 〈고려일보〉를 방문했다. 〈고려일보〉 역시 고려인 강제이주의 역사와 뗄 수 없는 관계이다. 고려일보는 1923년 원동지역에서 〈선봉〉이라는 이름으로 출간되었으나 강제이주 이후 폐간되었다가 1938년 알마티에서〈레닌기치〉라는 이름으로 재간되어 1985년 페레스트로이카 이후 비로소 현재의 〈고려일보〉로 사실상 재 창간되다시피 했다고 한다. 1990년 한국기업의 본격적인 투자 이후 신문사에 종사할 인력부족 등의 이유로 주간지로 변신하였고, 현재는 한글판, 노어판으로 간행되고 있다는 양원식사장의 설명이다. 같은 민족이 동일의 문화와 언어를 보존하는데 언론매체의 역할은 지대할 터인데, 기업의 상업적인 인식에 밀리고 있으며, 우리민족 특유의 응집력 부족때문에 〈고려일보〉의 미래도 밝지 않다는 푸념이 예사롭지 않게 들린다.

초원의 유목민과 오아시스의 정주민

오후에 국립박물관(National Museum)을 방문했다. 박물관은 대통령궁 옆에 위치해 있었으며 고대 카자흐의 생활용품과 장식품을 전시하고 있어서 카자흐의 생활상을 한눈에 볼 수 있었다. 유목민으로서의 생활 탓인지 특유의 문화 내지는 유적을 찾아보기 힘들었고, 단지 그들의 생활상을 볼 기회가 제공될 뿐이었다. 유목민이기 때문에 텐트와 말장신

구, 그리고 각종 식기나 이동용 주방기기 뿐이었다. 유목의 성격상 어쩌면 당연한 것일지 모른다. 그러나 유목인의 삶과 유목문화의 비애는 곳곳에 남아 있었다.

카자흐인들은 전통적인 유목민족으로 중국 서부의 신장자치구와 카자흐공화국에 주로 거주하고 있다. 카자흐공화국은 카스피 해와 천산산맥 사이에 자리 잡고 있는데 북쪽으로는 거대한 초원지대가 남쪽으로는 반사막성의 저지대가 형성되어 있다. 그들은 13세기 칭키스칸이 중앙아시아와 러시아의 많은 지역을 정복하는데 한 몫을 담당했던 몽고인의 후예이다. 아직도 반 유목생활을 하며 둥근 가죽천막에 살고 있는데 아메리카 원주민들과 생활양식이 상당히 비슷하다. 카자흐란 이름은 '유랑자' 또는 '독립인' 이라는 뜻을 가지고 있다.

카자흐족의 문화는 유목생활에 뿌리를 두고 있기 때문에 구전에 많은 비중을 두게 된다. 카자흐인들은 그들의 선조로부터 훌륭한 문화적 유산들을 전수받지 못했지만 시를 즐기며 다양한 문학 활동을 한다. 음악회나 연극공연도 인기이다. 일반적인 공예품으로는 자수 제품들이 있고 나무, 돌, 상아조각과 은, 철제품, 장식용 펠트 제품과 직물, 융단 직조와 건축 장식들이 있다. 카자흐인들은 오랜 전통과 문학작품 그리고 높은 자질을 가진 카자흐 지식층들로 인하여 순수 카자흐문화를 잘 보존하고 있으며 강한 민족의식을 가지고 있다. 정반대의 삶을 사는 것 같은 유목민과 정착민은 역사적으로 서로를 필요로 하던 보완적 존재들이었다. 기동력과 강인한 전투력을 갖춘 초원 유목민들은 사막 정착민들을 다른 외적의 침략에서 보호해 주고, 그 대가로 오아시스에서 생산되는 식량과 필수품들을 얻을 수 있었다. 서로 다름이 오히려 하나 되게 하는 가장 이상적인 관계를 형성했다고 할 수 있을 것이다.

중앙아시아의 역사는 몰락한 명문가의 잡초 무성한 마당처럼 황량하기 그지없다. 수백 년에 걸친 풍화로 백골처럼 허물어져버린 문명의 잔재들은 우리에게 가끔 역사책의 한 귀퉁이를 장식하는 낯설고 먼 곳

의 이야기인 듯하다. 그러나 중앙아시아는 우리가 알고 있는 것보다 훨씬 드넓고 유서 깊은 지역이다. 동서로는 동유럽에서 몽골고원까지, 남북으로는 시베리아 남부의 삼림지대에서 티베트 고원과 이란 동북부, 아프가니스탄 북부에 이를 정도로 광대하다. 카자흐스탄, 우즈베키스탄, 투르크메니스탄, 타지키스탄, 키르기스스탄, 중국 내몽골자치구, 신장위구르자치구, 티베트 자치구, 몽골이 중앙아시아에 넓게 자리하고 있다. 중앙아시아의 역사는 광대한 초원과 사막을 무대로 펼쳐지는 각 부족들과 문화의 교류를 제대로 읽을 때에야 비로소 파악된다. 중앙아시아의 역사는 오아시스 유목민들이 황량한 사막에서 어떻게 찬란한 문화를 꽃피웠는지, 거친 초원에서 일어난 유목민이 어떻게 강대한 제국을 건설했는지를 대하사극처럼 생생하게 보여준다. 중앙아시아의 두 축인 유목민과 오아시스 정주민은 삶을 유지하는 방식은 달랐지만 정치, 사회, 문화적으로 공생관계를 유지하며 인류사에 지대한 영향을 끼쳤다. 특히 초원지대를 무대로 번성했던 유목민은 인류 역사에 굵고 깊은 자국을 남겼다. 고대 페르시아 제국을 위협하고 유라시아 청동기 문화에 뚜렷한 흔적을 남긴 스키타이, 한나라와 치열한 각축을 벌인 흉노, 게르만족의 이동을 촉발시켜 유럽을 새로운 사회로 나아가게 한 훈족, 몽골고원 동북 변방에서 일어나 동서를 하나로 통합하는 대제국을 건설한 몽골족 등은 인류의 역사를 새롭게 쓰게 했다.

척박한 사막 한가운데서 샘이나 만년설이 녹은 물을 모아 사람이 살 수 있도록 조성된 오아시스는 동서 문화를 연결하는 통로였다. 실크로드는 오아시스와 오아시스가 연결된 국제 교통로였고, 이 통로를 따라 사람과 물자가 오가며 찬란한 문화를 꽃피웠다. 이처럼 초원의 유목민과 오아시스 정주민은 중앙아시아 역사와 문화 발전의 동력으로 작용했다. 유목민은 역사의 주요 고비마다 세계사의 혁신 세력으로 등장했고 오아시스 정주민들은 존재 자체가 동서 문화교류의 상징이었다. 그러나 15세기 들어 항해의 시대가 열리면서 낙타에 화물을 싣고 오가는 대상무역을 중심으로 했던 중앙아시아는 급격한 쇠락의 길을 걷게 된다. 청나라와 제정 러시아의 대륙진출은 중앙아시아의 사회 구조를

송두리째 바꾸어 놓았다. 20세기 러시아에서 발생한 사회주의 혁명은 이러한 변화를 더욱 가속화시켰다. 중앙아시아의 거주민들은 피지배민으로 전락했고 전통적인 삶의 기반인 초원에서 쫓겨나야 했다.

술은 입으로, 사랑은 눈으로

현지 음식에 대한 거부감이 한계에 이르러 마침내 저녁식사를 한국식당에서 하기로 했다. 한정식당 〈에덴〉에서 김치찌개, 된장찌개 등으로 일행들은 오랜만에 즐겁게 포식을 했다. 현지인들의 안내로 시내의 여러 곳을 다니다가 자정이 가까운 시간에 숙소로 돌아왔다. 이곳의 백야白夜현상은 현저해서 밤10시가 되어서야 해가 지기 시작한다. 해가 져야 할 때면 어김없이 해가 지고, 달이 떠야 할 때는 어김없이 달이 떠야하는 것이 자연의 섭리이다. 영원히 지지 않는 태양과 같이 거대하게 버티고 있던 구소련이 붕괴 된지도 벌써 몇 해가 지났다. 한때는 우리들을 열광케 하고, 한때는 우리들을 절망케 했던 저 마르크스레닌주의라는 유령이 알마티의 백야 속에서 넘실되고 있는 것 같았다.

점심식사 후에 지난번 폭우로 포기했던 침불락을 두 번째로 올랐다. 지난번에 비해 날씨는 좋았으나 3,400m의 고산지대라 정상으로 오를수록 가스가 가득 차 있었다. 리프트를 두 차례나 갈아타고 거의 정상 가까이 올랐으나 만년설은 볼 수 없었고 군데군데 흰 눈이 보였으며, 한겨울을 방불케 할 정도의 추운 날씨였다. 아직 산업화의 물결이 덜 닥친 탓인지 자연 경관은 수려하고 때 묻지 않은 상태였다. 그리고 인위적으로 개발한 흔적이 없었다. 첫 번째 리프트가 있는 근처에 수수한 모텔이 하나 있어 나그네를 끌고 있었다. 인간의 숨결이 많이 닿지 않은 탓인지 지나가는 바람도 한결 신선하게 느껴졌다.

카자흐스탄 여행길도 막바지에 이르렀다. 진짜 여행의 목적은 혈연의 경계, 지연의 경계, 마음의 경계, 도덕과 생의 경계까지도 훌쩍 넘어가 보는 것이다. 여행의 목적과 기대는 저마다 천차만별이다. 무엇이 좋다 나쁘다 하기는 어렵다. 여행이란 인생과 같은 것이다. 특히 혼자 떠나는 여행은 더더욱 그렇다. 때로는 낯선 곳에서 다치고 살 속 깊이 상처를 내며 곪았다 나았다 하며 생은 깊어져 가는 것이다. 마찬가지로 여행도 관념이 아니라, 온몸으로 새로운 풍경과 인간과 부딪히며 삶의 체험을 익혀나가는 것이다. 카자흐스탄의 여행길은 조국과 민족에 대한 깊은 인식, 유목민이라는 이민족들의 삶에 대한 연민 등의 경험으로 뇌리에 남았다. 알마티를 떠나던 밤, 박일, 정추 선생과 술잔을 나눌 때 두 분의 눈가에는 눈물이 그렁그렁했고, 내 가슴에도 어둔 먹구름이 잔뜩 자리하고 있었다. 우리나라는 언제 통일을 하여 찢기고 갈라진 분단의 한을 풀 수 있을까.

술은 입으로 들어오고
사랑은 눈으로 들어오네
우리가 늙어서 죽기 전에
알게 된 진실은 이것뿐
잔 들어 입에 가져가며
그대를 보며 한숨짓네.

―W. B. 예이츠, 〈음주가〉 전문

이스탄불에서 길은 다시 시작되고

블루 모스크에서 기도하는 사람들은 이생에 있으면서도 이생에 속해 있지 않고 이생에서 저 생으로 가는 대합실에 있는 것 같다. 사람들은 열심히 기도하면서 지독히도 평범할 뿐인 오늘 하루를 보낸다. 그리고 내일이 오고 내일의 기도도 그렇게 함께 실려 간다. 삶은 시작되었는가, 정말 내 삶은 시작되었는가. 이것이 삶이라면, 지금의 불합리한 삶을 회피하지 않고 살아내기 위해 좀 더 숭고해져야 하는 것 아닌가.

이스탄불의 하늘 아래에서

모스크바 공항을 출발한지 세 시간 정도가 지나 터키의 이스탄불 공항에 도착한다. 항공료를 절약하기 위해 서울에서 모스크바를 경유하는 러시아항공 '에어로 플롯'(Aeroflot)을 이용한 것이다. 여행자들에게 세계의 도시들 가운데서 가장 인상 깊은 도시를 꼽으라고 한다면 많은 사람들이 이스탄불을 꼽는다고 한다. 그만큼 이스탄불은 신비스러운 도시이기 때문일 것이다. 그러나 아무리 아름다운 도시라고 하더라도 공항은 어디서나 번잡하고 시끄럽다. 공항을 급히 빠져 나와 숙소를 찾아 나섰다. 이스탄불의 관광 명소는 대부분 유럽 쪽 구시가지에 있고, 특히 술탄 아흐멧 지역에 밀집해 있다. 그래서 시내에서 다소 거리가 멀었지만 이스탄불에서의 숙소를 구시가지 쪽에 정했다.

현재 터키는 7,200만 명의 인구를 가진 민주공화국으로서 99%가 이슬람 신자이며, 문자는 라틴 알파벳을 사용하는 나라이다. 터키 국토의 면적은 78만 km²의 방대한 국토를 가진 나라로서 한반도의 3.8배나 된다. 그 중 97%는 아시아 반도이고 나머지 3%가 유럽의 발칸 반도에 위치해 있다. 이스탄불은 이 두 대륙을 잇는 도시로 동서 문화의 접점 역할을 하고 있다. 보스포러스 해협은 유럽과 아시아의 두 대륙을 나누고 있는데 하루에도 여러 차례 두 대륙 사이를 오가며 업무를 보는 사

람들이 많다고 한다. 터키의 북부 지역에는 폰튀스 산맥이, 남부 지역에는 타우로스 산맥이 뻗어 있는데, 특히 아시아 지역은 구릉지대나 산이 많으며 지진이 자주 일어난다. 지진과 화산 활동으로 터키의 중요한 문화유산들이 많이 붕괴되었고, 지금도 중부산간 지방에는 대규모의 지진이 일어난다.

이스탄불은 1600년에 이르는 유구한 문화와 역사를 지닌 도시이다. 이스탄불은 이 도시에 붙여진 세 번째의 이름이다. 이 도시에 붙여진 첫 번째 이름은 비잔티움(Byzantium), 두 번째 이름은 콘스탄티노플(Constantinople)이다. 비잔티움, 콘스탄티노플 그리고 현재의 지명인 이스탄불로 불리어지기까지 이곳에서는 많은 왕조가 흥망을 거듭하면 동서양의 문화를 동시에 꽃피웠다. 기원전 7세기 이후의 이스탄불은 그리스 미케네인(Mycenaeans)에 의해 형성된 폴리스(도시 국가)의 하나인 메가라의 식민지였으며, 상업 도시로 번영하였다. 그 무렵 메가라의 지도자였던 비자스의 이름을 따서 비잔티움으로 불리게 된 것으로 여겨진다. 비잔티움은 A.D.305년 동로마 제국에 의해 콘스탄티노플로 재건되었다. 전성기를 누리던 로마제국에 게르만족의 침입이 시작되고 이를 염려한 콘스탄티누스 황제(306－337)는 313년 '밀라노 칙령' 으로 기독교를 공인하는 한편, 330년에는 수도를 로마에서 비잔티움으로 옮기고 자신의 이름을 따서 '콘스탄티누스의 도시' 라는 뜻을 지닌 콘스탄티노플로 개명했다. 약 60년 뒤 테오도시우스 황제(재위 379－395)는 죽음에 이르러 로마 제국을 콘스탄티노플과 로마를 수도로 하는 동쪽과 서쪽의 제국으로 분리하고, 두 아들에게 각각의 제국을 지배하게 하였다. 그리하여 동로마 제국을 비잔틴 제국이라고 불렀다. 그러나 이스탄불은 1453년 오스만제국의 정복왕 술탄 메멧(Mehmet) 2세가 콘스탄티노플을 정복한 이후 새로운 모습으로 변모하게 된다. 이스탄불은 오스만투르크에 정복된 후 붙여진 새 이름으로 약 5세기 동안 오스만제국의 수도로 로마와 이슬람문화를 혼합한 오늘날의 모습으로 바뀌게 된 것이다. 이렇듯 로마, 비잔틴, 오스만제국에 이르는 3대 제국의 수도였던 16세기 간의 역사는 이 도시를 하나의 거대한 박물관으로 남겨놓았다. 현재 터키의 수도는 이스탄불이 아닌 앙카라(Ankara)이다. 1923년에 터키 공화국이 출범하면서 새 지도자가 된 초대 대통령 무스타파 케말 아타튀르크가, 이스탄불의 영욕의 역사를 떨쳐버리고 터키의 역사를 새롭게 창조하기 위하여 앙카라를 수도로 정한 것이다. 제1차 세계대전 후 오스만투르크의 왕정은 종식되고, 터키혁명의 대통령 아타튀르크는 많은 제도를 개혁했으며 이 개혁은 20세기의 터키를 급속한 근대화의 소용돌이로 몰고 갔다.

이스탄불은 골든 혼(Golden horn)하구를 경계로 신시가지와 구시가가 나뉘어져 있는데, 구시가지에는 이슬람 사원을 의미하는 둥근 돔(Dome)과 첨탑(Minaret)이 많이 모여 있고 신시가에는 고급 호텔과 현대식 유락시설들이 모여 대조를 이룬다. 이스탄불에서 자동차나 버스를 타고 구시가지 쪽으로 가면 계속해서 돔과 첨탑이 나타나기 시작한다. 어떤 곳의 둥그렇고 펑퍼짐한 돔은 우리의 가마솥을 연상케 해 친근감을 주기도 한다. 구시가지에 자리하고 있는 술탄아흐메트 사원(Sultanahmet Camii)의 블루 모스크(Blue Mosque)를 보는 것으로 이스탄불 여행의 출발을 삼기로 한다. 구시가지의 이름이기도 한 술탄아흐메트는 이스탄불 관광의 중심지이며, 수많은 여행객들이 들끓고 있는 곳이다. 술탄아흐메트1세가 1616년에 세운 사원인 이곳은 푸른 타일을 독특한 문양으로 만들어 안 밖의 벽을 장식하고 있어 특별한 아름다움을 지니고 있다.

터키의 사원은 저마다 색다른 타일 장식으로 꾸며져 있지만, 이곳은 신비로운 푸른색 타일 때문에 '블루모스크'라 불려진다. 이슬람 사원은 둥근 천장의 돔과 첨탑이 특징이다. 블루모스크도 예외는 아니어서 6개의 높은 첨탑과 여러 개의 돔으로 이루어져 있다. 건축양식이 독특해서 중앙 천장에 4개의 돔이 있지만 기둥은 없다. 푸른빛이 떠도는 천장을 바라보고 있으면 그 아름다움에 경탄이 절로 나온다. 바닥에 깔려 있는 양탄자의 화려한 빛깔과 무늬도 천장의 푸른빛과 조화를 이룬다. 블루모스크의 초록 양탄자는 에디오피아에서 수입되어 온 것이라고 하는데, 흡사 한 폭의 그림 위를 걷는 듯해서 걷는 것조차 조심스러울 지경이며, 양탄자 위에 앉으면 동화 속의 주인공이 되어 먼 나라로 날아갈 것 같은 느낌마저 든다. 블루모스크를 나와 넓다란 술탄아흐메트 광장에 선다. 사진 속에서만 보던 블루모스크의 모습은 스피커에서 흘러나오는 코란의 독경 소리와 함께 더욱 장엄하게 보인다.

블루모스크의 기도하는 사람들

사람들은 무엇을 비는 것일까. 간절한 자세로 뭔가를 빌고 있어도 그 내용은 사실 사소한 것들인지 모른다. 하지만 빈다는 것은, 무엇을 빌어서 이루는 것에 의미가 있는 것이 아니라, 그 자체로 하나의 겸손

한 자세이며 이미 완결된 행위가 아닐까. 기원하는 사람은 날마다 침묵 속에서 작지만 너무나 간절한 것들을 소망하고 있는 것이다. 내게 지금 빌라고 하면 오직 생을 용서하고 망각하고 그리고 인간적인 것에 대해, 신적인 것에 대해 기도할 수 있을 뿐, 그래서 평화로운 오지에 둥지를 틀고 영혼의 저 깊은 심연 속으로 망명하고 싶다는 기원... 그래서 피폐하고 어둡고 분간할 수 없이 소란스러운 현실 가운데서도 따뜻하고 밝은 등불을 하나 걸어 놓을 수 있을까 하는 것이다. 블루모스크에서 기도하는 사람들은 이생에 있으면서도 이생에 속해 있지 않고 이생에서 저 생으로 가는 대합실에 있는 것 같다. 사람들은 열심히 기도하면서 지독히도 평범할 뿐인 오늘 하루를 보낸다. 그리고 내일이 오고 내일의 기도도 그렇게 함께 실려 간다. 삶은 시작되었는가, 정말 내 삶은 시작되었는가. 이것이 삶이라면, 지금의 불합리한 삶을 회피하지 않고 살아내기 위해 좀 더 숭고해져야 하는 것 아닌가.

어지러운 마음과 함께 블루모스크를 뒤로하고 톱카프 궁전으로 들어선다. 골든혼에서 바라보는 톱카프 궁전은 울창한 초록의 거목들이 에워싼 한 폭의 그림이다. 톱카프 궁전은 15세기 중반부터 20세기 초에 걸쳐서 강대한 힘을 과시했던 오스만 제국의 술탄(왕의 칭호)들이 거주하던 성이다. 500여 년 동안 오스만 제국을 통치했던 36명의 술탄 중에서 반 정도가 톱카프궁전을 사용했다. 이곳은 1856년 돌마바흐체 궁전이 세워지기 전까지 헝가리 등지의 동유럽에서 흑해, 아라비아반도, 더 나아가 북 아프리카까지 지배했던 오스만제국의 중심지로서 왕실의 부귀와 번영을 한눈에 볼 수 있는 곳이다. 톱카프궁전은 그 장엄한 아름다움 외에도 자세히 살펴보면 군사상 최적의 요새임을 알 수 있다. 삼면이 바다로 둘러싸인 언덕 끝에 동서교역의 접점인 보스포루스 해협을 향해 대포를 포진해 놓았다. 이 때문에 'Top(대포) Kap(문), Saray (궁전)'라 하여 톱카프 궁전으로 불려지게 되었다. 톱카프 궁전은 70㎡의 광대한 부지에 4개의 잘 다듬어진 정원을 중심으로 다양한 건물들이 둘러싸고 있다. 1453년에 이스탄불을 함락한 메흐메트2세는 지금의 이스탄불대학이 있는 베야짓 주변에 궁전을 세웠다. 1459년에는 여기에 톱카프 궁전을 착공했고 그 후 여러 술탄들이 당시의 건축양식을 좇아서 증축해 나갔다. 오스만 제국의 최고 전성기에는 수천 명에 이르는 사람들이 이곳에서 생활했던 만큼 궁전 자체가 하나의 작은 도시이었을 정도로 규모가 어마어마하다. 제2정원의 오른쪽에는 굴뚝이 딸린 큰 부엌이 자리잡고 있는데 천장이 돔으로 된 10개의 큰방과 28개의 굴뚝이 있었다. 이 같은 규모로 미루어 이곳에서 수많은 사람들이 생활했음을 알 수 있다. 아직도 궁전은 복구 중으로 미공개된 부분이 많다. 현재 각종 유물과 보물은 4개의 방으로 나뉘어져 전시되고 있다. 톱카프 궁전으로 들어가는 문에는 '라아이라하잇알라 모라메드라스룻 라아' 라고 읽히는 아라비아어가 쓰여 있다. 이 의미는 '알라 외에 다른 신은 없고, 모하메드는 알라의 종으로 쓰임을 받는다' 라는 코란의 한 구절이다. 건물의 이름이나 술탄의 이름이 아니라 코란의 한 구절을 출입하는 사람들에게 일깨워 줌으로 이곳의 성스러움과 신비로움을 더 하게 만든다.

아야소피아성당의 뒤편으로 돌아가면 궁전 입구인 웅대한 '제국의 문' 이 나온다. 제국의 문을 들어서면 지금은 주차장으로 쓰이는 제1정원이 나오고, 우측의 매표소를 지나면 곧 바로 제2정원의 잘 다듬어진 화단과 푸른 잔디가 펼쳐진다. 정원을 에워싼 궁전 내부의 건물들은 독특한 모습을 하고 있다. 제2정원으로 들어서면 오른편에서 먼저 만나게 되는 것이 술탄의 부엌이다. 10개의 돔과 28개의 굴뚝이 독특한 모양으로 늘어선 부엌 채이다. 당시에 사용하던 호화로운 도자기와 각종 식기 등을 전시해 두었으며 방안에는 거대한 냄비와 긴 국자 같은 부엌용품들이 그대로 남아있다. 16세기 말에는 1,200여명의 요리사가 있었다고 하니 어마어마한 규모에 놀라지 않을 수 없다. 요리사는 고기나 빵 등 전문 분야별로 두었으며 그 밑에 시중드는 사람의 역할도 철저하게 분담되어 있었다. 술탄의 여인인 하렘의 여인들에게도 호화로운 식료가 지급되어 각자의 요리사나 별도로 마련된 부엌에서 요리를 해먹을 수 있었다. 부엌을 지나 만나게 되는 방이 세계적으로 유명한 도자기 콜렉션 방이다. 이곳에서는 주로 중국과 일본의 도자기를 전시하고 있으며, 총 보유량이 북경, 드레스덴에 이어 세계 제3위의 규모라고 한다. 한 방 가득히 전시된 물품들도 1만점 이상의 소장품 중 극히 일부에 지나지 않는다고 하니 그 엄청난 규모를 짐작할 만하다. 중국 도자기는 주로 10~18세기의 것으로 송 · 명시대의 백자나 청자 등을 폭넓게 볼 수 있다. 일본 것은 18~19세기의 도자기가 많다. 대부분 술탄이 세계 각지에서 사들인 것이지만 셀림1세가 이집트를 정복하면서 약탈해 온 중국 도자기도 많다고 하니 이미 이때부터 동양문물에 눈뜨기 시작했음을 짐작 할 수 있다. 특히 청자는 독이 닿으면 색깔이 변한다고 믿어졌기 때문에, 탐욕스런 무리들을 경계해야 하는 술탄들에게 식기로 대단한 인기가 있었다.

톱카프의 단검

이스탄불은 막강한 국세를 지니고 있던 오스만투르크 시대부터 한 번도 외세의 침략을 당하지 않았다. 그 때문에 술탄의 방대한 보물들은 대부분 고스란히 보관되어 있다. 보물관 중에서도 빼놓을 수 없는 곳은 에메랄드의 방이다. 세 개의 큰 에메랄드와 시계가 부착된 '톱카프의 단검' 은 그 무게가 3㎏이나 나가는 세계최대의 에메랄드라고 하는데, 초록색 에메랄드의 깊은 아름다움이 어둠 속에서도 반짝인다. 이슬람 세계에서도 에메랄드는 특히 귀중한 보석으로 여겨져 술탄들이 다투어

수집을 했다. 또 '스픈의 다이아몬드'는 86캐럿의 큰 다이아몬드를 중심으로 49개의 작은 다이아몬드가 둘러싸고 있어 그 크기나 아름다움에 있어 세계 최고라고 한다. 궁전 중앙에 둥근 지붕을 사각기둥으로 떠받친 건물이 있는데, 이곳은 의사당 건물로 외부의 높은 곳에서 궁전 내부를 조망했을 때 가장 잘 눈에 띈다. 탑은 '정의의 탑' 이라 불리지만, 사실은 시내의 거리나 외적의 침입을 감시하는데 사용되었다. 의사당은 1주일에 4일 술탄이 고관대작들과 집회를 하던 곳이다. 초기에는 술탄도 출석했으나 보통은 '왕의 눈' 이라 부르는 작은 창문을 통해 회의 광경을 지켜보면서 대신들이 얼마나 국정을 잘 파악하고 있는지, 술탄에 대한 충성은 어느 정도 인가를 관찰하였다고 한다.

톱카프 궁전의 하이라이트인 하렘(Harem)은 독립된 박물관으로 취급되고 있어서 별도의 티켓을 구입해야 하고, 견학은 정해진 시간에 영어 또는 터키어를 구사하는 가이드의 안내에 따라 진행되었다. 하렘은 많은 사람들에게 비밀스런 장소로 알려져 있어 들어가기도 전에 호기심을 자극한다. 그러나 내부가 좁고 관람할 수 있는 곳도 제한되어 있어서 아쉬웠다. '하렘' 은 여성이라는 의미이다. 마찬가지로 하렘은 술탄이 거느리던 여인들이 살던 곳이다. 이슬람 교리에 의해 여자들은 사람들 앞에 함부로 모습을 드러내서는 안 되었다. 방에는 눈부시게 호화로운 가구들이 가득 들어차 있지만 행동이 자유롭지 못했던 당시 여자들은 이곳에서 갇힌 생활을 했다. 여인들이 갇힌 생활을 했던 곳이라 어둡고 감옥 같은 분위기일 것이라 생각했는데 의외로 톱카프 궁전의 하렘은 화려하고 아름답다. 맨 처음 보게 되는 것이 하렘의 여인들을 경비하던 환관의 방이다. 때로는 술탄이 좋아하는 여자를 골라 사들이는 일도 있었겠으나 이슬람 교리에 의해 여자와 얼굴을 마주하는 것이 불가능했다. 식사도 이중으로 된 문을 통해서 전달되었는데 그 방이 지금도 남아 있다. 또한 하렘은 술탄의 어머니가 사는 곳이기도 했다. 여자들의 방은 첫 번째부터 네 번째의 아내가 살고 있는 곳과 그 외의 첩들이 사는 곳으로 나누어져 있다. 잘 보존된 대리석의 욕실과 화려한 뱀 문양의 욕조는 마치 나신의 여인들이 목욕을 하고 있는 듯, 물이 뚝뚝 떨어질 것만 같은 환상 속으로 나그네를 데려간다. 하렘 내부의 아름다운 풍경이나 꽃그림 · 보석 장식이 곁들어진 가구와 코란의 장식문자 등은 좀처럼 궁전 밖으로 나갈 기회가 없었던 여인들을 위해 더욱 사치스럽고 호화스럽게 꾸며졌을 것이다.

톱카프 궁전을 나와 궁전 가까이에 있는 국립고고학박물관으로 간다. 박물관에는 주로 19세기 이후 터키에서 출토된 유물들이 전시되어 있다. 1층에는 아르카이크기시대에서부터 로마시대와 초기 비잔틴시대의 조각들이 전시되어 있고, 2층에는 트로이 출토품과 구석기시대의 출토품, 3층에는 키프로스, 시리아, 레바논 등지의 토기와 석상이 있다. 특히 8전시실의 알렉산더대왕 석관을 비롯한 그리스 · 로마 시대의 출토품은 세계적인 것으로 평가된다. 기원전 305년경에 제작된 알렉산더대왕의 석관은 거의 완벽한 보존 상태를 보이고 있다.

알렉산더는 그리스 도시국가를 지배하고 있던 마케도니아에서 태어났다. 당시 그리스에는 외부의 위협은 적었으나 내부분열이 극심했다. 마케도니아의 동쪽에 있던 페르시아의 사정도 그와 같아 내부 쿠데타가 연이어 일어났다. 이 두 대국 사이에서 알렉산더의 아버지 필리포스 2세는 국력을 키워 당시 최강이라고 할 수 있는 군대의 기초를 만들어 가고 있었다. 그는 코린토스 동맹을 결성하여 그리스를 꼼짝 못하게 했고 소아시아(현재 터키)와의 사소한 분쟁을 마무리하기 위해 본격적인 소아시아 · 페르시아로의 침략을 계획하였다. 그러나 그는 암살되고 만다. 영웅은 언제나 위기의 상황에서 나타난다고 했던가? 알렉산더도 이러한 상황에서 혜성같이 나타났으며 위기의 정세 속에서 페르시아를 침략했다. 20세의 젊은 알렉산더는 눈 깜짝할 사이에 소아시아뿐만 아니라 시리아 · 요르단 · 팔레스티나 · 이집트를 차례로 정복했다. 마침내 그는 이집트에서 '하늘의 아들' 이라는 칭송을 받게 되었고 그의 권력과 위엄은 더욱 명성을 얻어갔다. 이집트를 출발한 알렉산더는 페르시아의 중심인 메소포타미아를 제압하고, 중앙아시아에서 사마르칸드 그리고 판자브(인도)까지 정복했다. 그러나 이 불세출의 영웅도 인도의 왕 포로스를 무찌른 후 군대를 이끌다 바빌론의 땅에서 병으로 죽게 된다. 그의 통치 기간은 13년에 지나지 않았지만, 알렉산더의 영웅적 행동과 인간적 매력, 그리고 그의 지도력은 신격화의 단계에 이르게 된다. 역사에서는 항상 그를 존경심과 경외감으로 묘사하고 있으며, 터키 · 중앙아시아에서는 지금도 자식을 나으면 알렉산더라는 이름을 붙여 주는 것을 자랑스럽게 생각한다. 1887년 레바논령 시돈에서 발견되었다는 알렉산더의 석관에는 죽은 자를 슬퍼하는 18인의 여인 입상이 측면에 새겨져 있다. 죽은 영웅을 보위하는 18인의 여인들은 하나같이 미인이다.

성소피아성당으로 가는 길에 예레바탄 사라이, 즉 지하궁전 (Cistern Basilica)을 들른다. 혼잡한 술탄아흐메트 지역에 있는 입구로 들어가 지하계단을 내려가면 엽기적인 영화에나 등장할 만한 섬뜩하고 서늘한 공간이 나타난다. '예레Yere(땅에)', '바탄Batan(빠지다)' 이라는 의미로 532년 유스티아누스 황제시대에 만들어진 지하 대저수지이다. 전체는 세로 140m, 가로70m, 높이8m 정도로 336개의 코린트 (Corinth) 양식의 기둥이 떠받치고 있다. 물은 아타튀르크 거리에 있는 동로마시대의 수도교에서 끌어왔는데 오스만시대엔 톱카프 궁정에서 거주하던 술탄들의 식수로도 사용되었다. 지금도 바닥에는 물이 괴어 있고 내부에는 찬 기운이 감돈다. 최근 수리를 해서 조명등을 설치하고 음향효과를 더해 관광명소가 되었지만, 프랑스의 고고학자가 발견하기까지 아무도 지하에 이와 같은 공간이 있다는 것을 짐작하지 못했다. 그 당시 사람들은 지하 궁전 위에 집을 짓고 마루 밑의 구멍을 열어서 물을 긷거나 물고기를 낚기도 했다고 한다. 어둑어둑한 조명 아래 줄지어 선 기둥 사이를 걷다 보면 끊임없이 물방울이 떨어진다. 가장 안쪽에는 '메두사(Medusa)의 머리' 가 옆으로 뉘어져 있다. 조명을 받아 드러난 얼굴은 신비하면서도 섬뜩한 느낌이 든다. 신화와 전설에 의하면 그것을 본 사람은 돌로 변하게 된다는데 그 때문인지 지하궁전의 제일 깊은 곳에 위치시킨 듯하다. 관광객들로 북적되어 무덥고 복잡한 술탄아흐메트 지역에서 지친 몸을 잠시라도 시원하게 할 수 있는 곳이 예레바탄 사라이이다.

성소피아성당과 이슬람교

지하궁전을 나와 큰길 쪽으로 잠시만 걸어 올라가면 톱카프 궁전 맞은편에 적갈색 건물의 아야소피아(Ayasofya)가 나온다. 우리가 흔히 성소피아성당이라고 부르는 건물이 아야소피아이다. 소피아박물관은 여러 문화가 결합된 이스탄불의 대표적인 건축물로 꼽힌다. 비잔틴제국시대인 537년 세워져 916년간 교회로 사용되다 오스만터키가 이스탄불을 정복한 1453년 이후 1934년까지 이슬람 사원으로 쓰였다. 지금은 그리스정교와 이슬람교의 두 종교가 공존하는 박물관으로 남아있다. 정원에 흩어져 있는 그리스 양식의 둥근 기둥은 유스티아누스1세가 아테네와 에페소스에서 운반해 온 것이고 직경 31m의 거대한 돔은 로도스섬에서 만든 속이 빈 가벼운 벽돌로 만들어졌다. 황제는 자신의 모든 권위와 기술을 동원하여 이 아름답고 웅장한 건물을 지었다. 내부에는 비잔틴 문화를 상징하는 다수의 모자이크 벽화가 남아있다. 그리스도를 품에 안은 마리아상이나 유스티아누스대제가 화려하게 묘사된 그리스도 좌상은 특히 유명하다. 이들 모자이크 벽화는 콘스탄티노플이 오스만터키에 의해 함락되면서 모두 회칠로 가리워지게 되었다. 그리고 외부에 첨탑 4개를 세우고 내부 구조를 약간 바꾸어 이슬람교 사원으로 개조하였다. 1931년 미국 고고학 조사단에 의해 숨겨진 벽 안의 모자이크화가 발견된 후, 아야소피아는 비잔틴시대의 최대 유적으로 다시 각광을 받고 있다. 터키의 문화는 여러 문화들이 결합된 '모자이크문화'라 할 수 있다. 아야소피아는 모자이크문화의 대표적인 건물이라 할 수 있다.

이슬람교는 세계인구의 20%인 10억 이상의 신도를 가진 종교 중 하나이지만, 많은 사람들에게 이슬람의 이미지는 분명하지 않다. 대부분의 사람들은 중동이나 북아프리카와 함께 낙타를 탄 베두인족, 이스라엘 경찰을 향해 돌을 던지는 팔레스타인인들, 지하드의 정당성을 실행하는 과격근본주의자들의 모습을 떠올릴 것이다. 이슬람교는 어떠한 종교이며 무슬림은 누구인가? 그들의 믿음은 무엇인가? 어디서 사는가?

이슬람교는 7세기 초 아라비아의 예언자 마호메트(이슬람어로 무하마드)가 완성시킨 종교이다. 그리스도교 · 불교와 함께 세계 3대 종교의 하나인 이슬람교는 유일신 알라의 가르침이 대천사 가브리엘을 통하여 마호메트에게 계시되었으며, 유대교 · 그리스도교 등 유대계의 여러 종교를 완성시킨 최고의 종교임을 자처한다. 유럽에서는 창시자의 이름을 따서 마호메트교라고 하며, 중국에서는 위구르족을 통하여 전래되었으므로 회회교回回敎 또는 청진교清眞敎라고 부르며, 한국에서는 이슬람교 또는 회교로 불린다. 이슬람교의 신인 알라는 다신교시대부터 메카에서 최고신으로 숭배되어 왔는데, 마호메트는 한 걸음 더 나아가 다른 모든 신을 부정하고 오직 알라만을 유일신으로 내세웠다. 알라는 만

물의 창조주이며, 이와 동등하거나 비교될 존재는 없다. 모든 피 창조물과는 엄격한 거리가 있으면서도 사람들의 경동맥보다 더욱 가까이 있다. 알라는 이 세상 모든 것을 주지만 아무 대가를 요구하지 않는다. 마음은 관대하고 자애에 넘쳐 잘 용서하고, 잘 들어 주고, 잘 보아 준다. 알라의 계시는 《코란》에 모아져 있다. 알라는 진리이며 빛이며 "동도 서도 알라의 것, 어느 쪽을 향해도 알라의 얼굴은 거기에 계신다. 골고루 존재하며 모든 것을 알고 계신다" 고 한다.

탁심 광장을 가보면 구시가지와는 다른 현대적인 터키를 볼 수 있다. 신시가의 탁심 광장 로터리에는 독립전쟁기념비가 있으며 주변에는 고급 호텔과 쇼핑 거리가 대부분을 차지하고 있기에 터키의 명동이라 해도 과언이 아니다. 탁심 광장에서부터 윈도우쇼핑을 즐기며 이스티크랄 거리를 거닐면 터키에서 가장 멋진 백화점이나 바자르를 볼 수 있다. 구시가지와 신시가지에는 이렇게 전통을 지키고자 하는 몸부림과 변화를 추구하는 노력이 공존하고 있다. 이스탄불은 과거의 전통과 현재의 변화를 같이 껴안고 있는 곳이다. 지역적으로는 지중해와 흑해 연안에 인접해 있어 동유럽과 이슬람에 심취한 외국인의 이주가 늘고 있으며, 최근에는 급속도로 진행되고 있는 현대화로 인해, 재정난을 겪고 있다. 시내에는 공사 중인 지하철과 도로, 항만 시설과 현대적 건물들이 혼재하고 있다. 반면 옛것을 지키고자 하는 터키인의 생활모습도 볼 수 있다. 외제차의 홍수 속에 간간히 눈에 띄는 구형 승합차의 모습, 거리에 즐비한 노천카페를 지나 골목으로 들어서면 지긋한 나이의 노인들이 터키 전통차를 마시며 지난 일을 이야기하는 모습을 볼 수 있다. 늙은 노인들은 비잔티움과 콘스탄티노플의 영예를 가슴에 간직한 채 살아가고 있지만, 밤이 되면 도심에는 매춘과 환락이 기승을 부리고 있다고 한다. 세계의 모든 대도시들이 물질문명의 위세에 밀려 변모되어 가듯이 이스탄불도 그렇게 변해 가는지 모른다.

온종일 이곳저곳을 헤매고 다니다 보니 온몸이 지쳐 가눌 수 없을 정도가 된다. 숙소로 돌아가기 위해 마지막 지하철을 탄다. 늦은 시간이어서인지 지하철에는 사람들이 별로 없다. 모두 지치고 피곤한 표정으로 졸거나 눈을 감고 있다. 잠시 나도 지친 나머지 눈을 감고 있다 떠보니 내려야 할 역을 지나친 것 같다. 낭패가 아닐 수 없다. 어쩔 줄 몰라 쩔쩔매고 있는데, 앞자리에 앉은 중년의 아줌마가 말을 걸어오고, 건너편에 앉은 영어를 하는 듯한 여학생이 걱정스런 표정으로 나를 바라다본다. 중년의 아줌마는 한참 나를 바라보다가 금세 주변의 사람을 모우고 간단한 대책회의를 한다. 짐작컨대 나를 숙소까지 데려다 줄 방법을 함께 궁리하는 것 같다. 자정이 가까운 시간에 외지에서 온 사람을 위해 이렇게 걱정해 주는 것이 보통 고마운 일이 아니다. 괜찮다고 여러 차례 이야기해도, 마침내 그들은 젊은 남녀 둘에게 나를 숙소까지 데려다 줄 것을 당부하고 헤어진다. 터키사람들은 한국인들에게 각별한 우의를 지니고 있다고 하더니 이것을 새삼 확인할 수 있었다. 젊은 두 사람은 지하철을 내려 함께 택시를 타고 나를 호텔까지 데려다 주었다. 내가 호텔 안으로 들어가는 것을 보고야 돌아서 간다. '탱큐' 를 연발하며 그들에게 손을 흔들어 주고, 한국에 돌아온 후 그들에게 다시 감사의 인사를 전하고 선물을 보내주었다. 지하철에서 만났던 중년의 아줌마를 다시 만날 길은 없지만 그 터키 아줌마에 대한 기억은 터키에서의 추억과 함께 오랫동안 가슴에 남는다.

보스포러스 해협

이스탄불은 보스포러스(Bosphorus) 해협을 떼놓고서는 이야기 할 수 없는 곳이다. 이스탄불의 아시아와 유럽이 접하는 부분은 기묘하게 배치되어 있다. 동쪽 아시아 쪽에는 문명 발상지인 메소포타미아로부터 거대한 반도인 아나톨리아 반도가 뻗어 나와 있다. 그것은 소아시아라고도 하며, 터키(수도 앙카라)가 그 대부분을 차지한다. 한편 서쪽 유럽 쪽에는 이것에 뒤지지 않을 정도로 큰 발칸반도가 뻗어 나와 있고, 그것은 유고슬라비아, 불가리아, 마케도니아, 알바니아, 그리스의 5개국에 걸쳐있다. 이 두 반도를 사이에 두고 있는 것이 흑해와 에게해이다. 흑해의 물은 좁은 보스포러스 해협에 의해 마르마라해와 연결되고, 그 마르마라해의 물은 다르다넬스 해협에 의해 에게해와 연결된다. 유럽의 동쪽 끝은 발칸 반도로부터 보스포러스 해협과 다르다넬스 해협을 향해 좁게 뻗은 소반도이다. 이 소반도만은 유럽의 끝임에도 불구하고 아시아(터키)에 속해 있다. 이 소반도 끝에 이스탄불이 자리하고 있다. 이스탄불 서쪽에는 그리스의 수도 아테네, 발칸반도 서쪽의 이탈리아반도에는 로마가 있다. 모두 세계에 오랜 문명을 가진 나라이다. 또 다르다넬스 해협의 바로 남동쪽 에게해에 면한 곳에는 트로이가 있다.

아시아와 유럽 사이를 운항하는 보스포러스 해협 유람선을 탔다.

보스포러스는 암소의 문 즉, "the Cow(Bos) Gate(Phoros)" 의 뜻으로 제우스신과 연인, 그리고 부인 헤라와 얽힌 이야기에서 유래한다. 동서고금을 막론하고 남자는 바람을 피우려고 하고 여자는 막으려는 본성이 신들에게도 마찬가지였다. 물론 지금과 같은 다리는 아니지만 보스포러스에는 B.C4 세기 처음으로 다리가 만들어졌다. 페르시아의 다리우스 황제가 70만 대군을 이끌고 배와 뗏목을 연결하여 만들었다고 하니 로마의 카이사르 보다 더 빠른 시기에 다리가 건설된 셈이다. '유럽과 아시아를 잇는 다리' 라는 말은 세계에서 유일하게 이스탄불에만 적용된다. 중국 · 파키스탄 · 이란을 거쳐 터키로 들어와 이스탄불을 경유해 그리스나 동유럽으로 여행하는 사람이라면 누구나 이 말을 실감하게

된다. 또 그리스나 불가리아를 거쳐 터키로 입국했다면 이슬람문화의 색다른 분위기와 함께 아시아를 느낄 수 있을 것이다. 동서양 문명의 접점인 이스탄불, 유럽지구와 아시아지구로 나뉘어지는 이 해협을 보스포러스 대교와 제2보스포러스 대교가 잇고 있다. 일반적으로 여행객이 찾는 곳은 관광지나 호텔이 많은 유럽지구이며 공공기관이나 회사 · 상점 등 주요 도시 기능도 이곳에 집중되어 있다. 아시아지구는 주택지로서 대다수 사람들이 페리를 타고 유럽지구로 통근한다. 해협의 연안에는 과거와 현재, 그리고 호화찬란함과 심플한 아름다움이 근사한 대비를 이루고 있다. 연안부근에는 야류라고 불려지는 목조가옥들이 있고, 그 옆에는 현대적인 호텔들이 세워져 있으며, 대리석 궁전들이 이어져 있다. 해안지대의 위쪽으로 갈수록 해협의 폭이 넓어지고 이곳에서 보스포러스 해협은 흑해로 빨려가듯 사라지게 된다. 이윽고 배는 최종 목적지 아나돌루 선착장에 도착한다. 이스탄불에서는 과거와 현재, 전통과 현대문명, 그리고 늙음과 젊음이 함께 하고 있다. 이 도시는 영원한 영혼의 고장이지만, 이제 현대문명에 의해 영혼의 가치를 무시하고 감각적 세계만을 중시하는 젊은이들의 도시로 변모되어가고 있다. 그래서 〈비잔티움 항해〉의 심정이 그렇게 가볍지만은 않다. 영국 시인 예이츠(W.B. Yeats)가 〈비잔티움으로의 항해〉(Sailing to Byzantium)를 노래할 때의 심정도 이 같은 것이었을까?

저것은 늙은 사람들의 나라가 아니다.
팔에 팔을 낀 젊은이들, 숲 속의 새들,
–저 죽음의 세대들은 –저희들의 노래에 취하고,
연어 오르는 폭포, 고등어 우글거리는 바다
고기나 짐승이나 새들은 온 여름동안
생겨서 나서 죽는 온갖 것들을 찬양한다.
모두들 관능의 음악에 취하여
늙지 않는 이지의 기념비적 의미를 모르는구나.

늙은 사람이란 정말 보잘것없는 것,
막대기에 걸친 누더기 등거리이다.
육체의 옷이 갈기갈기 찢어지는 것을 영혼이
손뼉 치며 노래하지 않고, 소리 높여 노래하지 않는다면,
또한 영혼의 장엄한 기념비적 의미를 배우지 않는다면,
노래를 배울 곳은 아무 데도 없다.
그래서 나는 바다를 건너
이곳 성지 비잔티움에 왔다.

–예이츠(W.B. Yeats), 〈비잔티움으로의 항해〉 부분

옛날 동로마제국의 수도였던 비잔티움은 후세 사람들로부터 비잔틴예술, 비잔틴건축 등의 이름으로 대변되듯 찬란한 문화를 꽃 피웠다. 예이츠는 육체와 물질의 세계가 영혼과 이지의 세계를 갈수록 압도하고 있다고 생각한다. 현대의 물질세계는 기념비와 같은 영혼의 영원세계를 무시한다. 늙었다고 해서 육체의 쇠퇴를 비웃고 그 속에 담긴 '영혼의 장엄함' 을 모른다면 육체와 정신이 다 죽은 꼴이다. 그래서 시인은 '비잔티움' 의 영혼세계를 마음에 그리며 황홀한 감정으로 그 세계를 찬미한다. 비잔티움을 '성스러운 도시' 라고 부른 것은 이곳이 바로 영혼의 세계이기 때문이다.

그랜드 바자르

이스탄불 최대의 시장인 그랜드 바자르로 간다. 이곳이야말로 실크로드의 기나긴 고행 끝에 서역 땅으로 건너 온 대상들의 물건이 모아지는 곳이다. 그랜드 바자르는 이슬람 문화권에서 가장 큰 규모의 옥내 시장으로 약 4400여 개의 상점이 있다. 옥내 시장 안에 65개의 거리가 미로를 이루고 있어 외래인들은 종종 길을 잃기도 한다. 터키의 민속적 향기가 감도는 그랜드 바자르는 각종 토산물 가게로 가득한 쇼핑 천국이다. 실내 시장이 어떻게 이런 대규모로 형성될 수 있을까 의심스러울 정도로 각 지구별로 각종 상품이 전시 · 판매되고 있다. 그랜드 바자르를 터키어로는 카팔를 차르쉬라고 한다. 지붕이 있는 시장이라는 의미 그대로 실내에 있는 상점가이다. 출입구는 20여개 이며 남쪽은 배야짓, 서쪽은 이스탄불대학, 동쪽은 술탄아흐메느와 접해 있고, 미로처럼 얽혀 있어서 일단 들어가면 좀처럼 같은 출입구로 나올 수 없다. 굉장히 작은 상점들이 무수하게 들어차있지만 대부분 같은 품목끼리 몰려있기 때문에 손쉽고 편하게 쇼핑할 수 있다.

옛날부터 시장이었던 이곳은 오랜 역사가 깃든 바자르로서 몇 번

의 화재와 지진에 의해 여러 차례 붕괴와 재건을 거듭했다. 대부분 건물은 1893년 재건되어진 것인데, 가장 오래된 곳은 중심부에 있는 베데스텐으로 내력 있는 골동품가게나 금은세공점이 들어있다. 금세공지구, 카펫트상인지구, 스카트캡(빌로도로 만든 실내모자)지구 등등, 구시가의 상업 중심지가 되고 있는 바자르는 무수한 점포가 이어져 독특한 쇼핑몰을 형성하고 있다. 특산품으로는 터키공예품, 세계적인 명성의 융단, 손으로 직접 그린 도자기, 동제품, 놋쇠제품, 물파이프 등이 있어 관광객들을 현혹하고 있다.

저녁나절, 달빛에 비친 술탄아흐메트 사원과 블루모스크를 다시 보러 가기로 한다. 어두운 밤 블루모스크는 코란의 경전 소리가 울려 더욱 신비롭고 장엄하게 보인다. 별빛과 절묘한 조화를 이루며 빛나고 있는 블루모스크는 낮과는 또 다른 분위기를 자아내며 성스런 느낌을 준다. 근처의 민속식당으로 들어가니 그곳에는 터키사람들과 외국인들이 어우러져 한바탕 춤판이 벌어지고 있다. 다섯 사람으로 구성된 민속공연단이 흥겨운 민속음악을 연주하고 있고, 그에 맞추어 외국인들과 터키사람들이 어깨동무를 한 채 식당 전체를 빙빙 돌며 춤을 춘다. 터키사람들의 외국인에 대한, 특히 한국인들에 대한 친절은 가히 놀랄 정도이다. 그들은 한국인들에게 자신들의 친인척을 대하듯 충심으로 무엇인가를 베풀어 주기 위해 최선을 다한다. 그리고 '우리는 형제' 라는 얘기도 심심찮게 한다. 아마도 한국전쟁으로 맺은 인연 때문인 듯하지만, 어쨌든 우리 한국인들이 특별한 대접을 받는 듯해서 기분이 좋다. 식당에서도 계속해서 차이와 라크를 갖다 준다.

터키의 친구들과 어울려 춤추고 노래 부르면서, 터키의 전통주인 독한 라크를 마시는 동안 실크로드의 끝 이스탄불의 밤은 깊어만 갔다.

실크로드를 떠나며

마침내 실크로드의 끝에 당도했다. 천신만고 끝에 성지에 도착하는 순례자의 감격이 이러할까. 사막의 모래먼지가 구름처럼 일어나는 뿌연 길 끝을 응시하며 하염없이 사막길을 달려왔다. 되돌아보는 인생길이 아쉽듯이, 내 실크로드 여행길 구비 구비 마다에는 온갖 사연과 추억들이 새털처럼 가득히 쌓여 다시 감회에 젖는다.

우리네 인생길은 가야할 목표가 분명하게 보이는 산보다는 망망대해와 같이 어디로 가야할지 알 수 없는 사막을 더 닮았다. 사막에서는 아무리 지도를 들여다보아도 갈 길을 찾을 수 없었다. 간신히 찾아 놓은 길도 흰바탕 모래바람이 불고 나면 사라지고 없었다. 끝없이 모양이 변하고 사라지는 모래사막에서는 지도가 아니라 마음속 나침반을 따라 가야 했다. 오아시스를 만나도 마음 놓고 쉴 수가 없었다. 그곳은 여행길의 최종 목적지가 아니었기 때문이다. 인생길을 살아가다 보면 길을 잃을 때도 있고, 나아가지도 돌아서지도 못하는 상황에 빠지기도 하고, 신기루를 좇다 넘어지기도 한다. 실크로드에서의 사막여행은 결국 나를 찾아 가는 여정이었다. 사막의 지평선은 저 멀리 끝없이 펼쳐져 있었지만 나는 한걸음도 나아갈 수 없었다. 그래서 우리의 여행은 언제 어디서 끝날지 알 수 없는 것처럼 여겨지기도 한다. 타클라마칸 사막에서 헤매고 있을 때와 같이…

사막을 건너는 것은 끝없는 고독과 외로움의 연속이었다. 우리 인생길을 다른 사람이 대신 살아줄 수 없는 것이듯이, 사막길도 궁극적으로 혼자 나아가는 길이었다. 아무리 두렵고 불안해도 나아가는 길을 멈춰설 수 없었다. 끝없이 펼쳐진 사막을 지나 계속 서쪽으로 갈지 동쪽으로 갈지, 이쪽으로 갈지 저쪽으로 갈지 알 수 없다. 언제쯤 목표점에 도착할지 알 수도 없다. 실크로드는 도대체 어디에서 끝나는 것인가.

사막의 한가운데를 지나왔지만 지금도 사막은 여전히 나를 지배하고 있다. 아득하고, 허무로 가득하고, 텅 비어 있으면서도 가득 차 있고, 갑자기 모든 것이 무너져 내릴 듯 하고, 길바닥에 허리를 꺾고 앉아 통곡하게 만드는 것이기도 했다. 그러나 그런 사막 길 가운데서도 정체모를 푸르름은 비단 깃발처럼 찬란하게 펄럭였고, 성령처럼 실체를 숨긴

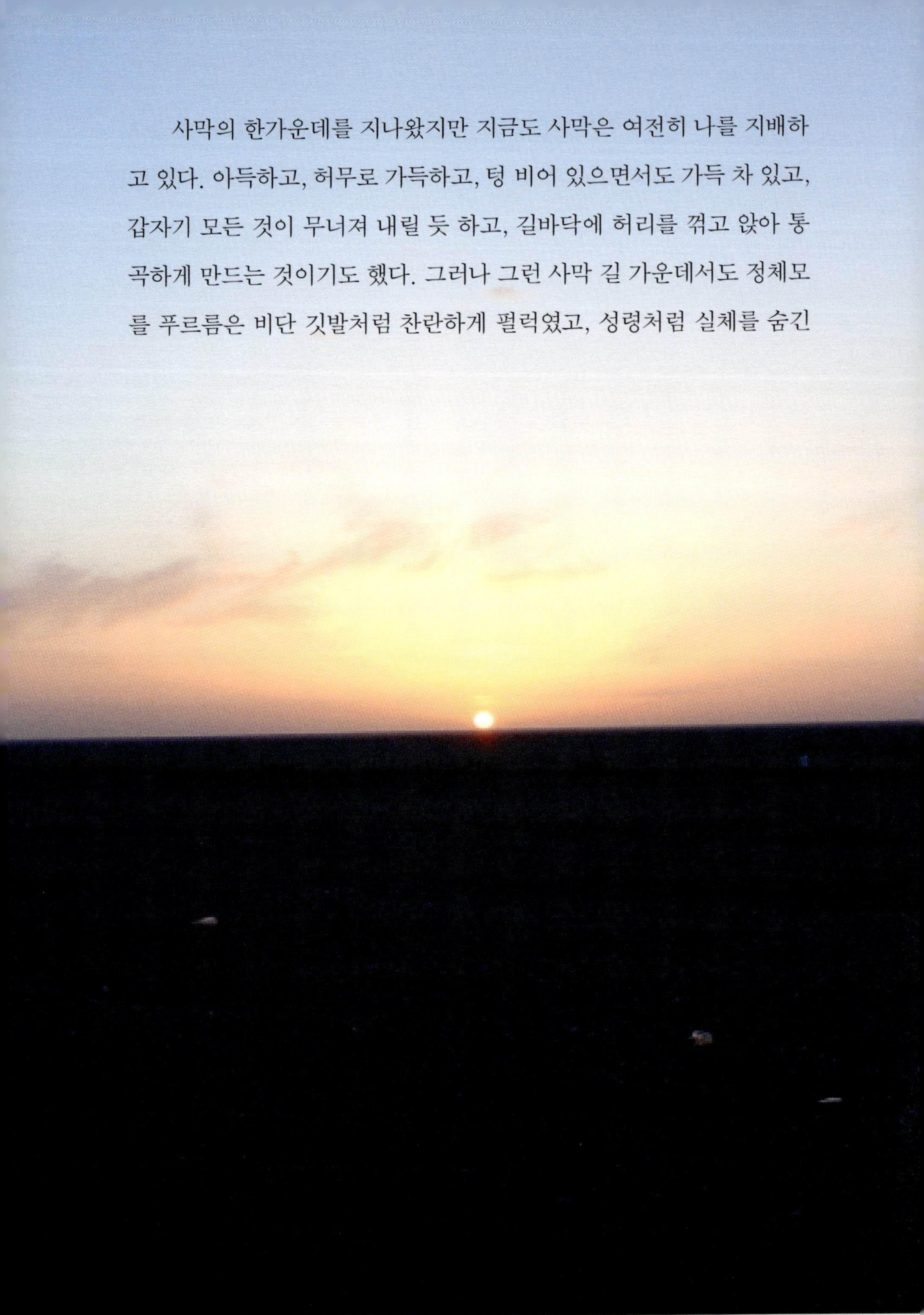

채 이따금 내 얼굴에 포개져 왔다. 저 푸른 기억은 죽음의 시간까지 함께 하며 영원한 인연으로 남을 것이다. 사막과 모래바람과 함께 하며 여전히 남아 있을 실크로드, 바람과 구름이, 눈비와 추위가 그를 괴롭힌다 해도 여전히 꿋꿋이 살아남을 실크로드의 사람들. 지금 날이 저물어 어둠이 다가와도 실크로드의 영혼들은 사막 위를 떠돌 것이다.

사막은 텅 비어 있었다. 사막에는 아무것도 없었다. 욕망도, 사랑도, 명예도 아무것도 없었다. 사막은 우리들 삶과 같이 헛된 것이고, 우리들 존재처럼 한웅큼 모래와 같은 것이었다. 저 텅빈 무위의 공간에서 무엇을 얻을 수 있을 것인가. 사막은 적막했고 모든 것이 무상했다. 1000년 전이나 지금이나 늘 같은 모습으로 열사의 태양은 타오르고 있었고, 지는 노을은 무심하게 사막을 어루만지고 있었다. 진실을 겹겹이 두르고 운행하는 우주와 지구, 그 가운데 한 점 작은 도시의 감옥을 뚫고 탈주코자 했지만, 나는 어디로도 도망치지 못했다. 무언가를 잔뜩 짊어지고 실크로드를 달리다가 부려놓을 짐 하나 없이 빈 낙타가 되어 터벅터벅 되돌아왔다. 텅 빈 곳에 가득함이 있고, 가득함은 텅 빈 것이라는 깨달음 하나만 달랑 안고 돌아왔다.

그렇다. 실크로드의 사막은 텅 비어 있었다.

| 참고자료 목록 |

고마츠 히사오 외 『중앙 유라시아의 역사』 (소나무, 2005)

권삼윤, 『중국역사기행』 (조선일보사, 1994)

권삼윤, 『태어나는 문명』 (조선일보사, 1997)

김　순, 『앗살람 아라비아』 (두물머리, 2004)

김영종, 『반주류 실크로드사』 (사계절, 2004)

김영현, 『서역의 달은 서쪽으로 흘러간다』 (학고재, 1996)

김원경, 『먼 서역 실크로드의 하늘에서』 (민족문화사, 1994)

김준희, 『실크로드의 땅, 중앙아시아의 평원에서』 (평민사, 2007)

김찬삼, 『황허의 물은 천상에서 흐르고 (중국1), 실크로드를 건너 히말라야를 넘다 (중국2)』 (디자인 하우스 출판사, 1998)

김호동, 『황하에서 천산까지』 (사계절 출판사, 1999)

도용복, 『신비한 나라 중앙아시아의 보물창고 투르크메니스탄』 (선, 2004)

라시드 앗 딘, 『칭기스탄기』 (사계절, 2003)

리처드 번스타인 / 정동현 역, 『대당서역기』 (꿈꾸는 돌, 2003)

리처드 번스타인 / 정동형 역, 『뉴욕타임스 기자의 대당서역기』 (꿈꾸는 돌, 2003)

리히터, 바우만, 리프너 / 박종대 역, 『실크로드 견문록』 (다른 우리 출판사, 2002)

마르크 폴로, 김호동 역주 『동방견문록』 (사계절, 2002)

모리노 다쿠미, 마쓰시로 모리하라, 『고대유적』 (들녁, 2001)

문명대, 『중국 실크로드 기행, 서역실크로드 탐사기』 (한언 출판사, 1993, 1994)

박순진, 『실크로드의 영혼들』 (어드북스, 2006)

배석규, 『칭키스탄 천년의 제국(대몽골 시간여행)』 (굿모닝 미디어, 2005)

베르나르 올리비에 / 임수현, 고정아 역,『나는 걷는다』 (효형출판, 2003)

브루노 바우만 / 박종대 역, 『실크로드 견문록』 (다른우리, 2003)

브루노 바우만 / 이수영 역, 『돌아올수 없는 사막 타클라마칸』 (다른우리, 2004)

수잔 휫필드, 『실크로드 이야기』 (이산, 1999)

시오노 나나미 / 김석희 역, 『로마인 이야기12-위기로 치닫는 제국』 (한길사, 2004)

이길구, 『신 실크로드 1, 신 실크로드 2』 (수문출판사, 1994, 1995)

이동순, 『실크로드에서의 600시간』 (선, 2004)

이븐 바투타 / 정수일 역,『이븐 바투타 여행기1,2』 (창작과 비평사, 2001)

이지상, 『길없는 길, 실크로드』 (평화출판사, 1994)

장 피에르 드레주 / 이은국 역, 『실크로드』 (시공사, 1995)

장준희, 『중앙아시아 대륙의 오아시스를 찾아서』 (청아출판사, 2004)

잭 웨더포드 / 정영록 역, 『칭키스탄, 잠든 유럽을 깨우다』 (사계절, 2005)

정수일, 『고대문명교류사』 (사계절, 2001)

정수일, 『문명교류사 연구』 (사계절, 2002)

정수일, 『문명의 루트 실크로드』 (효형출판, 2002)

정수일, 『실크로드학』 (창작과 비평사, 2001)

정수일, 『이슬람 문명』 (창작과 비평사, 2002)

정수일, 『한국 속의 세계(상, 하)』 (창비, 2005)

정찬주, 『돈황가는 길』 (김영사, 2001)

지배선, 『유럽문명의 아버지 고선지 평전』 (청아출판사, 2002)

진순신 / 정태원 역, 『시와 사진으로 보는 중국 여행』 (예담, 2000)

진순신 / 조형균 역, 『페이퍼로드』 (예담출판사, 2002)

최미애 / 장 루이 볼프, 『루이와 미애, 318간의 버스여행(1.2)』 (자인, 2002)

최종열, 『또 다른 꿈을 향하여 나는 달린다』 (청홍, 2001)

피터 홉커스 / 김영종 역,『실크로드의 악마들』 (사계절 출판사, 2000)

허세욱, 『실크로드문명기행』 (대한교과서, 1996)

헨리 율 / 정수일 역, 『중국으로 가는 길』 (사계절, 2002)

혜　초, 『왕오천축국전』 (을유문화사, 1988)

황인경, 『돈황의 불빛』 (삼진기획, 1996)